# GO！日本騎車趣

## 小猴帶你動吃動吃玩轉日本

→ 18 條 自行車路線

作者／魏華萱
插畫／王子麵

JACQUELINE MOSS
賈桂林摩斯系列

JACQUELINE MOSS S3
薄荷茶樹全身潔淨露‧舒爽配方

JACQUELINE MOSS C1
薰衣草迷迭香乳油木果護髮霜

JACQUELINE MOSS S2
月桃尤加利葉薄荷洗髮露‧均衡配方

JACQUELINE MOSS S1
薰衣草迷迭香洗髮露‧柔順配方

Blueseeds™

# 身心的放鬆　讓頭髮也享受一下

首創以高比例天然精油添加而設計的保養髮品
草本植物精華添加、洗髮頂級享受

Blueseeds芙彤園將皂香草液與高比例的精油為主成分，以高
天然植物修護為產品設計概念，打造出「Jacqueline Moss
系列」。為確保精油萃取取出無化學殘留，所有香草的採收
過程中完全採人工採擷，高溫蒸餾方式取得高能量的精油，
為長期接觸到化學髮品、重複染燙的熟齡髮質，找到回復健
康髮質的配方。

HAVE A GOOD TRIP
SINCE 1990
POST CARD

Blueseed 官方網站：
https://www.blueseeds.com.tw/
電話：02-23966558

# 奮鬥日記

## 肉腳變勇腳的

　　一件事情可否堅持到底？這是我從單車學到的經驗！記得 2010 年與東明相一起單車環島時，他對我說了這段話：「騎單車就像追求人生的夢想與目標，雖然上坡很辛苦，只要堅持下去，就會欣賞到制高點的美景，覺得非常有成就感。但別忘了！下坡雖然很快，卻像遭遇挫折一樣，不知道何時會跌落谷底，更要小心步步為營。」當我在騎單車時，常有機會靜下心來，享受自己與內心的對話，這是生活在繁忙的都市叢林中，很健康且療癒的舒壓管道呢。

　　這十年以來，小猴從台灣頭騎到台灣尾，2011 年開始海外單車之旅，第一個國度就是造訪日本沖繩，有人說沖繩與台灣有許多相似之處，例如：氣候、飲食、文化、建築……等，但踏上單車後你會發現在日本，無論路況、交通指標或道路駕駛，都對單車騎士非常友善，這點值得借鏡與學習，希望透過書中推薦的日本騎車趣 18 條單車路線，讓大家認識不同的單車文化。

　　特別一提的是，這本書結合了新穎的照片掃描功能（實際操作可參考本書的封底折口），手機下載「COCOAR2」APP，開啟 APP 時，對著書中有標示「相機」圖示的照片掃描，就能串連小猴在雲端建置的自行車路線與坡度表，還會有精采的影片出現喔。

魏華萱

# 目 錄

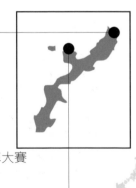

156
Chapter2

# 帶著單車去旅行，從日本開始

如何帶單車出國，進出日本／在日本租賃自行車／在日本騎車的服裝、攜帶物品及交通安全注意事項／日本自行車年度競賽一覽表

# 空知線

## 探訪北海道稻米及馬鈴薯故鄉

1.
2.
3.

稚內
網走
旭川
美瑛
小樽
札幌
美唄
帶廣
釧路
函館

行　　　程：札幌市 → 美唄市
　　　　　　 →岩見澤市
所需天數：1 天
距　　　離：約 40.3 公里
等　　　級：初級
建議騎乘月份：7 ～ 10 月
(11 月 ～ 來年 4 月路上結冰不適合 )
日本自行車諮詢資訊：http://bibai-
iku.com/bibai_transportation

　　去北海道騎自行車，幾乎是每個車友一生中的夢想，想像徜徉在一大片紫色薰衣草的花海當中，搭配涼爽的氣候，在此騎車是一種享受。但事實上，北海道冬天積雪，當夏天雪融化時，地表很容易因為熱漲冷縮而產生許多坑洞，導致真正騎乘在上面並不好受，所以在北海道一定要帶內胎跟挖胎棒，因為很容易破胎。

　　另外，騎乘北海道路線，建議最好在札幌先休息一晚，補充好體力及補給品再出發。因為從一個市鎮到下一個市鎮少說都要 50 公里以上，建議最好補給品要帶足才行，以免騎到一半，會前不著村，後不著店。

美唄市每年都舉辦「北海道空知美食自行車賽」。

1. 在北海道騎乘很安心在於道路指標十分清楚，不易走錯路。2. 騎乘經過平交道時，一定要注意安全。3. 沿路上也有這類很吸睛的景致，讓大家休息一下拍拍大合照。4＋5. 後面一大片金黃色產物就是馬鈴薯田。

但撇除這些不便，在北海道騎車，的確可以感受到美好而涼爽的氣候，新鮮的空氣及一望無際的自然美景。這次是我第二次來北海道，主要行程是騎程在石狩、空知地區一帶，從美唄（Bibai）這個小城市出發。

空知地區，位在北海道中央處，因為氣候適宜，這裡是北海道最大的稻米生產地，面積及產量都居冠。春天嫩綠，夏天青翠，到了秋天則是一片金黃色。騎乘在道路上，可以看到一片片稻海隨著四季更迭換裝，成為空知地區最具代表性的風景。

除此之外，更是日本馬鈴薯產地，全國約有八成的馬鈴薯來自這裡，甚至大家很喜歡到日本購買伴手禮的「薯條三兄弟」，其原料全部產自北海道空知地區。近幾年，因空知振興局積極推動下，這裡的葡萄酒聞名全日本，轄內包括浦臼町、歌志內市、三笠市、岩見澤市、長沼町等地皆有葡萄酒園或釀酒廠。另外，附近有許多溫泉地或渡假村，也有豐富的當地美食，絕對可以滿足車友們對北海道的想像。

## 路線資料
距離：40.3 公里
所需時間：8 小時
等級：初級
最大坡度：3%
總爬升：127 公尺
最低海拔高度：17 公尺
最高海拔高度：90 公尺

**Day01**

札幌市 🚌 →美唄市安田侃彫刻美術館→空知神社→和德石庵咖啡館→大地のテラス餐廳→岩見澤市 5 条ホテル

## 安田侃彫刻美術館五感藝術

　　一大早，我們搭大型巴士連同打包好的自行車從札幌出發，上道央快速道路大約坐車 1 個小時，就會到一個叫「美唄」的地方，並進入當地十分知名的觀光景點「安田侃彫刻美術館—美唄藝術廣場（Arte Piazza Bibai）」參觀完後，組裝我們的車子開始今天的騎乘行程。

　　提到這美術館成立，背後有個很美麗的故事。原來美唄因煤礦荒廢，面臨嚴重的人口流失，當地國小有廢校危機。出生於美唄的知名雕刻家安田侃，發起舊榮小學校復活的計畫，並取名為「Arte Piazza」，即義大利文「藝術廣場」之意，保留校舍和體育館及周邊森林，成為一座擁有約 7 萬平方公尺的戶外雕刻藝術公園，也漸漸帶動美唄的觀光事業。來這裡一定要體驗 DIY 手作雕刻教室及品嘗咖啡，還有到戶外跟安田侃的巨型雕刻藝術作品拍照，而且在上面爬上爬下也沒有人禁止。

1. 在藝術作品後面，則為廢棄國小改成安田侃彫刻美術館。2. 舊有的教室被保留下來，現在變成咖啡館及工藝 DIY 教室。

Data

### 安田侃彫刻美術館—美唄藝術廣場
ADD：北海道美唄市落合町榮町
TEL：+81-126-63-3137
WEB：http://www.artepiazza.jp/

## 空知神社感受祭典熱情

離開美術館，接著我們騎車進入美唄的市中心，途經空知神社。剛好當天晚上有廟會祭典，由於我們去太早了，很多攤位還在準備。但美唄人十分熱情，一見我們是從外地來的單車客，都跑出來打招呼，並告知活動要下午才會開始舉行，現在買不到東西。於是我先進空知神社參拜，保佑這幾天行程順暢，再出來逛攤位，花了 100 日圓，選擇我的生日抽了一張開運運勢。

後來才知道，原來空知社每年都會在春季及秋季舉辦盛大祭典。它的特色是神社前面的燈籠道、神轎車遊行、歌舞表演、熱鬧的遊戲及當地美食攤位陳列，例如美唄燒雞串、雞肉飯，還有手打蕎麥、味噌炸雞、手信店等等。其中，神社前面很長的一條燈籠道，聽說想跟神明許願，只要付上奉納金 15,000 日圓，就會將捐款者名字寫在燈籠，祈求實踐，到了晚上燈籠點起，十分壯觀。可惜要趕路，只能期待下次再來參加。

來空知神社
別忘了抽自己生日運勢籤！

1. 空知神社雖然不大，卻是美唄地區民眾很重要的精神信仰，又被稱為「單車神社」，當然要來參訪一下。2. 從鳥居進入神社的路上則掛滿了奉獻的燈籠牆，晚上點起燈來相信很壯觀。3. 祭典攤位除了美唄的當地美食，還有撈金魚的傳統攤位，非常熱鬧。

Data

空知神社
ADD：北海道美唄市西二条南 1 丁目 1－1
TEL：+81- 126-63-2448
WEB：https://www.facebook.com/soratijinjya/

## 和德石庵咖啡館訪英國庭園

出了美唄市區，望眼所見是一大片的田園風景。望眼所見路上看到的不外乎是稻田及馬鈴薯田。尤其是北海道的馬鈴薯占全國產量的七、八成，連大家喜愛的零食薯條三兄弟，其原料也是來自這裡。

大約騎乘25公里，爬升一小段緩上坡後，我們來到一個私人景點，叫「和德石庵」咖啡館。從這裡開始算是進入岩見澤市（Iwamizawa）。其實和德石庵咖啡館座落在一個叫作「小岩山莊（Little Rock Hills）」裡面，整個建築物是從岩見澤市區搬遷而來，擁有130年以上歷史的石砌老倉庫，主人松藤信彥把它改成一間擁有和風，卻又能在英式古董家具上休憩的咖啡廳。在這裡點一杯咖啡，搭配手作的馬芬蛋糕或鹹派，真的很享受。

深入了解原來松藤先生從事英國進口家具及雜貨販售，因為想打造出一座遠離城市喧擾的村莊，才在20多年前買下了這塊土地，並依照森林原有地形設計出這座擁有11公頃的英國庭園。裡面的所有景觀、餐廳及木屋都是由他自己設計建造，曾有電影「葡萄牙的眼淚（ぶどうのなみだ）」和著名的啤酒商來此取景拍攝。而室內呈現溫馨田園風味，小至餐具、擺飾品，大至雕花旋轉梯、沙發、地毯，每個角落都不馬虎，教人捨不得離開。

4.

1.
2.

1+2. 小岩山莊占地11公頃，裡面除了有景觀花園、餐廳，還有許多獨棟的木屋，可提供住宿。3. 每棟民宿都附有獨立的鄉村風格廚房，在這裡親手做早午餐，就像是在拍電影一樣。4. 中間就是咖啡館主人松藤先生。

3.

Data

**和德石庵咖啡館**
ADD：北海道岩見澤市栗澤町上幌684-2番地
TEL：+81- 126-44-2858
WEB：http://littlerockhills.com

1. 門口開滿向日葵花海的鐵色鐵皮屋，就是今天用餐的地方，像在拍電影一樣。3. 在主食方面，則是主廚以巴西燒烤方式將在地的肉品轉化成美食，依序上桌，有烤雞腿、牛肉、豬肉及香腸，都超好吃。3. 別小看列車前面的那隻狗，聽說是這車站的站長，超可愛。

Data

大地のテラス餐廳
ADD：岩見澤市栗澤町上幌 2203 番地
TEL：+81-126-33-2020
WEB：http://michishitasanchi.com/

## 大地のテラス餐廳大吃當地食材的巴西燒烤

告別了小岩山莊後，一路開始下滑，大約 30 公里處，遠遠就可以看到兩列紅色的 JR 列車陳列在田園裡，十分醒目。列車旁邊還有用木頭搭建的簡易車站，上面二個牌子標示著站名，旁邊則有一大片的向日葵花海，再過去一點則有一間黑色鐵皮的屋子，叫作「大地のテラス（中文「大地露臺」）」，是我們中午要用餐的地方。

別小看外面貌不驚人，其實一進到裡面，會發現超漂亮的：大面落地窗還可以看見外面的 JR 火車及向日葵。這家餐廳也很特別，所有的食材都是結合當地小農種植，強調有機無毒的健康食物。用餐方式採 Buffet，自助吧台區放滿了當地小農的時蔬、前菜、甜點…等，但主廚卻是外國人，主要提供巴西燒烤給客人食用，尤其是香腸，入口時肉汁爆漿出來，真的好好吃。

原來這家大地露臺餐廳，是岩見澤當地一家農產公司直屬的餐廳。這家農產公司已在地耕耘 100 多年，主要提供當地食材，例如稻米及蔬菜等給餐廳使用。若吃得滿意，還可以在現場購買他們家的產品，直接帶回家料理喔！

吃完後，逛一下陳列的農產品，覺得日本政府很照顧當地小農，不但在農產技術上提供協助及無私分享教學，同時在行銷上更協助他們想辦法拓展業務及活動推廣，難怪日本年輕人願意回鄉種田，成為「新貴」。

————— 番外篇 —————
# 札幌城市小旅行

　　北海道分為道北、道東、道南與道央四大區域，一般自行車活動多集中在道央地帶，因此多從札幌的新千歲機場進出。建議無論是安排五天四夜或十多天的環北海道之旅，最好在札幌停留一天。因為從台北直飛到北海道，無論是從南邊的函館機場，或新千歲機場，都要 4 至 5 個半小時，不管是午去晚回或早去晚回，若直接從機場拉到想去要的城市，一天的行程就沒了，十分可惜。而且北海道沒有比札幌還要熱鬧的城市了，因此無論是要前進北海道，或是離開，建議在這裡停留一晚，享受一下札幌的北海道生活，並購買想要的東西，以備不時之需。

　　公開我在札幌的私人景點，無論是吃美食、瘋採購，都可以得到滿足。尤其是札幌巨蛋體育館，之前陽岱鋼還在北海道日本火腿鬥士隊時，愛棒球的我還去加油呢！

札幌市也有 Youbike 服務叫「POROCLE」
光中心區域設置有 40 多個網站

┌── 小猴私房景點 1
│
└───── 狸小路瘋採購 ─────→

號稱北海道最大的商店街——狸小路，可以從一丁目逛到七丁目，總長 1 公里，卻有 200 多家商店。食衣住行、娛樂，你想得到的東西，在這裡都找得到，甚至日本和服、樂器、五金行、布料等專門店都有。我很愛在這裡買藥妝、回台灣送人的伴手禮、abc mark 的球鞋，以及當地折扣的衣服，一次滿足。重點是還可以免稅，十分划算。

狸小路商店街
ADD：北海道札幌市中央區南 2 中黑 3 条西 1 丁目
TEL：+81-11-241-5125
WEB：http://www.tanukikoji.or.jp/

┌── 小猴私房景點 2
│
└───── 數馬壽司吃海膽壽司 ──→

因為日本朋友介紹，來到這家聽說只有當地人才知道的無菜單壽司店。板前長數馬先生看起來十分年輕，卻沒想到已有紐約及東京板前料理經歷，讓人很期待。所有食材看得見，聽說是數馬先生每天前往海市親自挑選，保證新鮮好吃。果然在吃下幾貫握壽司，口中瀰漫海鮮的鮮甜，令人食指大動。

數馬壽司札幌博野店
ADD：北海道札幌市中央區南 6 条西 3 丁目第 2 串武ビル 1F
TEL：+81-11-513-0666
WEB：https://tabelog.com/tw/hokkaido/A0101/A010103/1034440/

┌── 小猴私房景點 3
│
└───── 摩天輪俯看札幌街景 ──→

位在 nORBESA 大樓屋頂並以西班牙語命名的 nORIA 摩天輪，是札幌的地標之一。直徑 45.5m，繞著圓周共有 32 個車廂，繞完一圈大約 9 分半。夜晚的時候會打開五顏六色華麗的霓虹燈十分漂亮。雖然巨大摩天輪在 nORBESA 大樓 7F 的屋頂上，但有專屬電梯可以直通，搭乘券的販賣機則是在 1F 與 7F 兩個地點，搭乘一次費用 600 日幣。

nORIA 摩天輪
ADD：北海道札幌市中央區南 3 条西 5 丁目 1-1，nORBESA 7F
TEL：+81-11-261-8875
WEB：http://www.norbesa.jp/

1.

2.

3.

走入北海道牧場聖地，品嘗在地美食

# 帶廣線

## 十勝・

稚內

網走

旭川　美瑛

小樽　　美唄　帶廣　釧路

札幌

函館

行　　　程：帶廣市→十勝川溫泉

所需天數：2 天

距　　　離：DAY1 約 54 公里＋
　　　　　　DAY2 約 37 公里

等　　　級：初級

建議騎乘月份：7 ～ 10 月 (11 月～
　　　　　　　來年 4 月路上結冰不適合 )

日本自行車諮詢資訊：
http://www.tokachigawa.net/

　　講到北海道的十勝、帶廣，似乎台灣人
並不太熟悉，但若是提到有名的四葉草乳
業，或是北海道牛乳、冰淇淋，馬上就會有
印象。沒錯！十勝、帶廣就是北海道牛乳最
大出產地。

　　事實上，位在北海道道東地區的「十勝」
並不是北海道的地名，而是指以帶廣市為中
心的周邊鄉鎮市區一帶，因為活用廣大且肥
沃的土地以進行大規模酪農耕作而繁盛，所
以起司、牛奶、肉品等都十分有名。

　　在這裡騎乘，可以說十分享受，因為一
路上穿梭於廣大平原及富有特色的庭園路

還想看更多帶廣十勝美景，可以參閱。
由十勝自行車旅遊研究會製作的影片。

4.

1. 途中經過札內清柳大橋。2. 出發前先將補充飲料準備好。3+4. 這段路的景致變化多，除了有平原，也會經過森林、小徑。5. 迎著陽光，要出發了！

線。有時看到開放參觀的牧場或花卉庭園，還會有自行車專屬車位可以停，讓你可以下來行走，或品嘗當地的有機蔬果料理或美食，絕對值回票價。在美食方面，更有十勝和牛、薑燒豬肉等都是廣為人知的必吃料理。

　　除了牧場外，這裡也有不少知名的葡萄酒莊或釀酒廠，和溫泉度假聖地，所以騎車後，可以好好泡一下溫泉，並享用當地的葡萄酒，真的是人生一大樂事。

5.

北
海
道
路
線
2
：
十
勝
・
帶
廣
線

**Day01**

路線資料
距離：約 53.6 公里
所需時間：6 小時
等級：初級
最大坡度：3%
總爬升：216 公尺
最低海拔高度：32 公尺
最高海拔高度：127 公尺

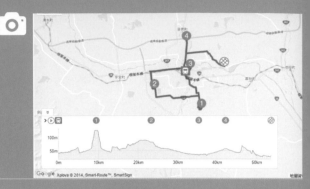

帶廣市→十勝丘陵→廣瀨牧場的「UEMONS HEART」→サクラテラス咖啡館→四葉草乳業
工場→十勝川溫泉

## 到十勝丘陵大啖薑燒豬肉飯

　　由於一大早從飯店出發，大家整裝好後，便向帶廣市區出發，途經札內清柳大橋，這天天氣超好，豔陽高照，雖然天氣涼爽，但若不做好防曬工作，想必騎一天下來也會變成小黑人。

　　第一站是前往十勝丘陵（TOKACHI HILLS），位在一個小山丘上，因此要小小的爬坡。十勝丘陵可是相當著名的「北海道花園街道」庭園之一，裡面種植了大約 1,000 種的花草類及可食植物，我就在花園裡找到不少有趣的植物，像是栗子、茄子、小紅莓、玫瑰、薰衣草及多肉植物「秋天的喜悅」。

　　園內設置了幾個用餐區，可以自由挑選時間點與地點，品嘗十勝的農產品與美食。這次是在和食餐廳「四分分度」用餐，端出來的薑燒豬肉飯是我吃過最好吃的，完全沒有腥味，入口即化，聽說是從匈牙利引進的國寶曼加利察豬，難怪如此好吃。另外，也十分推薦他們家的蕎麥麵，是用四分純度的蕎麥麵粉製作而命名的。還有生菜沙拉及果醬，全部都是就地取材。

1. 以白色建構的咖啡館，裡面也有販售自己的農產品，或附近小農的有機食品。2. 猜猜看這個綠色果實是什麼？是栗子哦。

Data

**十勝丘陵**
ADD：北海道中川郡別町字日新 13 番地 5
TEL：+81-155-56-1111
WEB：http://www.tokachi-hills.jp

3. 四分分度餐廳的薑燒豬肉飯超好吃。4. 這些蔬果都是十勝丘陵自己種植的。

## 白樺道森林區與 Seicomart

離開十勝丘陵後,下滑到廣瀨牧場（Hirose Farm）,一聽到有好吃的冰淇淋,每個人好像又活了起來。路上發現有一段很漂亮的白樺樹,映襯著廣大平坦的田園景致,十分美麗,所以我私下稱它為「白樺道森林區」。後來發現,其實在十勝帶廣騎車,會常看到類似這樣美麗的鄉村小道。

在經過 Seicomart 便利超商時,休息一下,讓大家去補充一點東西。招牌以相當鮮豔的橘色為主體,字母 o 中間有一隻鳥圖形的 Seicomart,發跡於北海道,是目前北海道展店最快速的便利超商,像他們的 hot chef 熱主廚的料理櫃檯及紅豆麵包超推。聽說 Seicomart 經營者主張採用自己當地的農場生產食材,也有自己的工廠,每天新鮮製作,光是便當每天至少都有八萬個以上輸出,也難怪深受北海道當地人的歡迎,被號稱是全日本滿意度最高的便利商店。

而這幾天當我們騎乘十勝帶廣時,Seicomart 就像台灣的小七一般,成為最佳補給站。

5. 對北海道居民而言,Seicomart 便利超商就像家裡的廚房,不可或缺。6. 騎乘在十勝帶廣路上,隨處可見像這樣一整筆直的白樺林道。

## 廣瀨牧場吃冰淇淋，與乳牛近互動

進入廣瀨牧場前，通過帶廣森林後便是一大片綠地，接著再稍微往前一點就可以看到一棟黃色的建築物，這是由廣瀨牧場直營的「UEMONS HEART」冰淇淋專賣店！聽說超受日本女性歡迎。

詢問之下，才知道這家廣瀨牧場可是經營了 350 年以上，會「UEMONS HEART」，有保持初心之意，牧場主人廣瀨文彥表示這裡的冰淇淋可是每天清晨從後面農場現擠，以 30 分鐘攝氏 68 度 C 低溫殺菌的美味又新鮮的生乳，搭配自家生產的有機無農藥蔬果，依季節每天提供 12 ～ 14 種口味給消費者，完全沒有乳化劑、色素、香料，講究食的健康安全。我點的是哈蜜瓜牛奶口味，吃進口裡感受到濃濃牛奶及果香，還有起司及奶油製品也不容錯過哦。這裡也可親自體驗擠牛乳，跟製作冰淇淋樂趣。品也不容錯過哦。

1. 在冰淇淋專賣店後面，則是廣瀨牧場飼養牛群的地方。看乳牛吃草好療癒。2. 牧場主人廣瀨文彥告訴我這裡冰淇淋是用他從牧場擠出來的牛乳製作。3. 店裡面陳列約 14 種各種口味的冰淇淋，而且堅持每天現做。

Data

**廣瀨牧場 UEMONS HEART**
ADD：北海道帶廣市西 23 条南 6 丁目 13 番地
TEL：+81-155-33-6064
WEB：http://www.uemons.com/

## Sakura Terrace 咖啡館會車友同好

牛現擠現做的冰淇淋，整個人像是補充完體力，準備一下一個行程，要去拜訪日本車友開的咖啡館「Sakura Terrace（サクラテラス）」。

要不是有當地人帶領，還找不到，我記得在經過廣帶警察局沒多久後，越過一座橋轉入帶廣川的河岸小徑，騎不久就可以看到一棟矗立在旁的小房子。聽說這棟房子可是咖啡館主人兼車友小川宣幸自地自建的。為的就是要有一個可以邊喝咖啡邊看到帶廣川一年四季變化

的樣子，尤其是春天帶廣川櫻花盛開，美不勝收。

　　咖啡館除了提供咖啡及輕食外，也有用當地食材製作的定食套餐，每天限量5組，有趣的是他們家還有一份菜單叫「CYCLING MENU」，分為輕鬆騎的「Morning Ride」，和追風健腳行的「Sports Ride」，由他帶領體驗附近騎車樂趣，歡迎其他車友們預約參加。

　　喝下還穿著車衣的小川先生親手泡的手工咖啡，搭配由當地店家製作的起司塔，望著綠意盎然的窗外景致，整個人都輕鬆了起來。想到我退休後，也能弄一間自行車咖啡館，好像也不錯。

1. 位在帶廣川邊上的「Sakura Terrace（サクラテラス）」咖啡館。
2. 咖啡館主人兼車友小川宣幸穿著車衣親自為我們泡咖啡。3. 起司塔超好吃

Data

Sakura Terrace （サクラテラス）
ADD：北海道帶廣市東8条南1丁目1-22
TEL：+81- 155-29-5777
WEB：http://sakuraterrace.info/

## 四葉草乳業工場免費喝牛奶

　　接著在當地人的帶領之下，我們騎車沿著帶廣川支線——音更川往北至著名的四葉草乳業十勝主管工場的「おいしさまっすぐ館」。一進門就被四葉草乳業所標榜「直覺的美味」大看板所吸引，在裡面可以參觀牛乳以及奶油製造、還有關於酪農及乳業快樂學習設施，結束後還有免費的牛奶試飲！

介紹全世界不同乳牛品種。

Data

四葉草乳業工場「おいしさまっすぐ館」
ADD：北海道河東郡音更町新通20丁目3番地
TEL：+81-155-422-121
WEB：http://www.yotsuba.co.jp/consumer/
entertainment/factory/

Day02

路線資料

距離：36.2 公里
所需時間：3 ～ 4 小時
等級：初級
最大坡度：3%
總爬升：278 公尺
最低海拔高度：14 公尺
最高海拔高度：176 公尺

距離 17.29km
海拔 158m

十勝川溫泉 → まきばの家展望台 → BOYA Farm（ボーヤ‧ファーム）→ Happiness Dairy → 十勝池田酒廠 → 十勝川溫泉

## 到まきばの家展望台俯瞰市鎮田園風光

享受了一晚的溫泉後，每個人似乎恢復先前騎乘的疲累，準備今天的百年葡萄酒廠之旅。於是在當地領騎的帶路下，我們沿著日本當地的 73 縣道往池田市區前進，途中經過利別川後，進入市鎮，領騎帶領我們去當地人的私房祕境，一個叫「まきばの家展望台」的地方，不但可以俯瞰整個池田市鎮，更可以瀏覽十勝平原的田園景色。除了要上展望台前有點坡度，一路上其實都很平緩，其中印象最深刻的是快到展望台前的一小段路兩側種植漂亮白樹林建構一條綠色隧道，讓人心曠神怡。

Data

1. まきばの家展望台為池田市鎮的至高點，可以欣賞十勝平原的田園及山林。
2. 由白樹林建構的綠色隧道。3. 一路上可看見一大片一大片的葡萄田園。

まきばの家展望台
ADD：〒 083-0002 北海道中川郡池田町清見 144
WED：http://makibanoie.com/

## BOYA 牧場看綿羊剃毛秀

　　緊臨在展望台旁邊，則是一家名為「BOYA Farm（ボーヤ・ファーム）」的牧場，裡面養了上百頭不同品種的羊群。詢問牧場主人安西浩才知道，原來這裡早期大量引進紐西蘭綿羊，以提供日本紡織產業所需的毛線。後來因為紡織業蕭條，牧場只好轉型發展畜牧業，為北海道的餐廳提供穩定且新鮮羊肉來源，並發展觀光事業。在這裡不但可以看到專業的牧羊犬趕羊、剃羊毛秀等，還可以跟小羊近距離接觸。還有餐廳及民宿，餐廳採 Buffet 方式供應，主要跟當地小農合作，提供新鮮的食材，麵包還會註明是用十勝地區所產出的小麥手工製作，吃起來香味十足。

牧場最有名的是牧羊犬趕羊及剃羊毛秀。

Data

**BOYA Farm**
ADD：北海道中川郡池田町清見 224-2 號
TEL：+81-15-572-2127
WEB：http://www.netbeet.ne.jp/~boya/

每天提供 12~14 種冰淇淋口味任人挑選。

Data

**Happiness Dairy**
ADD：北海道中川郡池田町清見 103-2 番地
TEL：+81-015-572-2001
WEB：http://happiness-dairy.com/

## Happiness Dairy 大吃北海道冰淇淋

　　來北海道騎單車最棒的地方莫過於可以「騎很遠，吃很大！」因此「每日一冰淇淋」是必要的啦！所以吃完中餐，看完綿羊秀後，便出發前往 1970 年創立，在北海道十分聞名的「Happiness Dairy」，品嘗由當地嶋木牧場產出的牛奶搭配具有職人精神的義式冰淇淋，每天推出 12~14 種讓人挑選，吃進口裡讓人回味無窮。旁邊的「Happiness Fromage」工坊裡還有販賣自製乳酪起司，可以讓你吃過癮。

Data

十勝池田酒廠
ADD：北海道中川郡池田町清見 83 番地
TEL：+81- 015-572-2467
WEB：http://www.tokachi-wine.com/

1. 十勝池田酒廠的葡萄酒來源，都是自己種的葡萄。2. 位在地下二樓熟成室的酒，每桶酒都有編號。3. 在地下室酒窖裡收藏各個年代的酒，有興趣的人可以找到自己出生年分的酒。

## 十勝池田酒廠找尋自己生日酒

　　最後來到今天騎乘的目地的——十勝池田酒廠。採預約制，因此有專人導覽，先帶我們去酒廠南側的葡萄園，了解十勝所種植葡萄品種及技術。接下來則進入如同古堡般的展覽室，觀看葡萄酒的製作方法，儲藏方式及葡萄酒的製作器具，甚至還可以試飲品嘗各種不一樣的酒。其中最有趣的是可以在地下酒窖裡找到自己出生年分的酒，現場還提供一個大酒桶供遊客「泡」在裡面拍照。

晚上居住在十勝川溫泉大平原飯店，
享受當地美人湯溫泉去除疲勞。

## 十勝川溫泉泡澡消疲勞

　　在穀倉地帶展開的雄偉景色中，位於十勝平原中央的「十勝川溫泉」擁有多種豐富自然資源，以「美人溫泉」而聞名。建議白天可以在北海道騎車，然後晚上就住在溫泉旅館吃懷石料理，然後泡十勝川溫泉，真的是人生一大享受。像我們這次居住在十勝川溫泉大平原飯店，有和式跟洋式的房間，全新翻修過，十分舒適。最重要的是飯店可以代訂乘坐熱氣球活動。

Data

十勝川溫泉大平原飯店
ADD：北海道河東郡音更町十勝川溫泉南
　　　15 丁目 1 番地
TEL：+81-015-546-2121
WEB：http://www.daiheigen.com/lg_tw/

——— 番外篇 ———

# 到十勝大平原
# 搭乘熱氣球

　　若在十勝川溫泉住一天,建議一定
要安排早上去體驗一下坐熱氣球的感
覺。早上約五點就要起床,然後前往
十勝川大平原公園排隊等著上熱氣球升
空。這裡的熱氣球是採繫留飛行,以 3 條繩索連接地面,
等人都上去站穩後,便會透過熱空氣讓氣球冉冉上升到大
約 30 公尺的高度,停留約 10 ～ 15 分鐘。一般若天氣好
時可以觀賞到十勝平原、日高山脈、表大雪山的群山壯觀
景色。費用大約一人 3000 元日圓左右。

十勝川溫泉觀光遊客中心有提供自行車出租業務。

2.

# 上川‧美瑛‧富良野線

## 騎乘拼布及超廣角之路的花海田園之旅

稚內

網走

旭川
美瑛
帶廣
釧路

小樽
美唄
札幌

函館

行　　程：層雲峽→旭川→美瑛→
　　　　　富良野→芦別→砂川→
　　　　　美唄→岩見澤

所需天數：3 天

距　　離：DAY1 約 68 公里＋ DAY2
　　　　　約 87 公里＋ DAY3 約 85
　　　　　公里

等　　級：中級

建議騎乘月份：7～10 月 (11 月～
來年 4 月路上結冰不適合 )

日本自行車諮詢資訊：http://www.
hokkaido.cci.or.jp/cycletourism-
hokkaido/

提到「上川線」，大家可能不熟悉，但是說到美瑛、富良野，就耳熟能詳了。一樣是從新千歲機場入境日本北海道，光從台北直飛北海道就要 5 個多小時，再加上搭乘接駁巴士到旭川市，大約 2 個小時，因此通常到達時，多以下午 2 ～ 3 點。第一晚安排在大雪山國立公園北邊的層雲峽大雪溫泉飯店，好好在附近遊玩，順便整理單車裝備，並舒舒服服地泡溫泉，休息一晚，隔天一早

1. 春至秋季到美瑛、富良野都可以看到占地廣大且繽紛的廣景花田。2. 從層雲峽到旭川一帶路況不錯。3. 沿途還有滿片向日葵花田,美呆了!4. 在美瑛拼布之路上可見的牧場景致。

再沿著源自大雪山的石狩川往下騎。

這段路程很長,再加上景點很多,主要以旭川為起點,一直到美唄市為終點,全長大約 240 公里,平均每天騎乘 60 ～ 70 公里,再加上選的路程較為平緩,因此還算輕鬆,可以欣賞沿路風景,包括層雲峽的黑色柱狀斷崖岩壁、廣景花田的四季彩之丘、美瑛之丘、拼布之路、富良野的田野風光等等。

原則上,只要在 6～8 月前往,可以看到花卉較為豐富,尤其是紫色薰衣草一大片,增添浪漫情懷。但若是 9 月之後,花會變得比較少,但仍有向日葵、波斯菊迎風搖曳,騎乘這段是最舒適不過的了。

Day01

路線資料
距離：約 68 公里
所需時間：約 6 小時
等級：初級
最大坡度：1%
總爬升：127 公尺
最低海拔高度：108 公尺
最高海拔高度：683 公尺

層雲峽大雪溫泉飯店→層雲峽旭川自轉車道線→さくら公園 🚌→白金四季之森 Hotel Park Hills

## 大雪溫泉飯店出發，欣賞層雲峽沿途風景

旭川是北海道僅次札幌的第二大城，附近高山林立，因此也孕育不少瀑布及溫泉區，很值得一遊。前一天我們從新千歲機場出關後，直接搭車到大雪山國立公園境內的層雲峽大雪溫泉飯店入住。一進門看到一對可愛的公公、婆婆木雕公仔，大廳還有一座黑熊的標本。晚餐採 Buffet，生魚片、長腳蟹是其特色。個人十分推薦這裡的露天大浴池，在飯店地勢的最高點，可邊泡湯邊觀賞雄偉的自然絕景，聽說這裡的硫磺泉，對神經痛、風濕有療效。雖然我們 9 月入住，但聽說 10 ～ 11 月的秋天紅葉及冬日冰瀑祭到訪人數更多，幾乎客滿狀態。附近還有紅葉谷、黑岳纜車、流星瀑布、銀河瀑布等著名景點，只可惜這次趕行程，沒多花一天探訪。別小看標高才 683 公尺的層雲峽，隔天起床用過早餐後，七點半在飯店門口集合時，氣溫才 8 到 10 度左右，還滿冷的，因此拍完團體照後，就快點出發囉！

1. 層雲峽大雪溫泉飯店的標本熊，是當地人獵到的。2. 在飯店門口集合，要出發啦！

Data

層雲峽大雪溫泉飯店
ADD：北海道上川郡上川町層雲峽溫泉 078-1701
TEL：+81-165-85-3211
WEB：https://www.hotel-taisetsu.com/

## 層雲峽旭川自轉車道探黑熊

層雲峽原本就是一個峽谷地形，因此剛開始，主要沿著主要幹道 39 號國道騎乘，遇到隧道時，還可以彎進行人與自行車道共用的專用道路，即寬敞又舒適，重點是路面貼近石狩川，望著清澈的溪流，聽著潺潺水聲，及山谷裡的盎然綠意，讓人心曠神怡，所以這段我們邊騎，邊拍照，很愜意。

這一段路多為下坡，因此騎得很順。大約騎乘不到 1 個小時，在當地領騎的帶路下，我們轉進 489 縣道，是一條看起來人煙稀少的登山步道，途中還遇到登山客，身上掛著一支鈴鐺，說是「熊鈴」，警告黑熊，有人出沒，沒事別出來嚇人。讓我有點期待一窺黑熊面貌，但因為這次人數眾多，光車聲人聲可能就打草驚蛇了，為安全起見，還是快速

離開。不過，一路騎乘在森林裡，享受濃郁的芬多精，是一種享受。

一直到上川市區，再接回 39 號國道，往愛別市的方向騎，會出現一個自行車道，沿路經過さくら公園、迷你的高爾夫球場、農場。我覺得北海道自行車道的銜接，做得很不錯，標示很明顯，讓人不怕迷路。只可惜，原本這天要直殺到旭川市火車站前吃拉麵，但中途下大雨，所以到了旭川常磐公園，便結束今天才 68 公里的騎程，搭車前往白金四季之森 Hotel Park Hills 住宿。

3. 層雲峽旭川自轉車道線一路可見石狩川清澈的溪流。
4. 可惜天公不做美，中途遇到大雨而中斷騎到旭川市的行程。

3.

Data

**美瑛白金四季之森 Hotel Park Hills**
ADD：北海道上川郡美瑛町白金溫泉 071-0235
TEL：+81-166-94-3041
WEB：http://www.biei-hotelparkhills.com/

 **關於旭川市租車訊息**

這次北海道騎乘的自行車都是由當地的單車旅行社幫忙租賃，我們沒有自己帶車。你可以在出發前跟這些單車旅行社提出需求，他們會找到合適的車款，在要求的時間及地點交車給你，同時有日本領騎及補給車的隨行。

值得一提的是日本領騎的補給也很細緻，騎乘約 2～3 小時即會找適合地點，提供補給品，補給種類也多樣化，會視當地特產而定，之後會在本書陸續看到。旭川地區，除了香蕉之外，還有當地的巧克力餅乾、糖果，都好可愛喔。

Day02

**路線資料**
距離：約 87 公里
所需時間：約 8 小時
等級：中級
最大坡度：4.16%
總爬升：525 公尺
最低海拔高度：169 公尺
最高海拔高度：607 公尺

白金溫泉→四季彩之丘→美瑛町→北西之丘展望公園→七星之樹→柔和七星之丘→富田農場→新富良野王子大飯店

## 探訪白鬚瀑布後起程

　　泡一晚的白金溫泉的鎂鈣系硫酸鹽泉美人湯，隔天充滿活力。尤其今天要一口氣挑戰著名的美瑛拼布之路及超廣角之路，雖然距離不長，但由於沿路景點很多，可能會騎乘超過 8 個小時以上，當然要養足精神再出發。

　　但在出發前，先去探訪位在飯店旁邊的白鬚瀑布（白ひげの滝），從飯店側門走出去不到 100 公尺的拱形鋼橋上，即可在望見白鬚瀑布，聽說是由地下湧出的泉水形成，淡藍色水質好夢幻。看完瀑布，便馬上出發了。聽說附近還有美瑛青池及十勝岳展望台，只可惜這次受限時間只好作罷。

Data

**白鬚瀑布**
ADD：〒 071-0235 北海道上川郡美瑛町白金溫泉
WEB: http://town.biei.hokkaido.jp/about/event/
　　illuminate.html

1. 由地下水湧出的白鬚瀑布。2. 在飯店門口整裝後，一行人馬上出發。

## 超廣角之路，窺見花卉色彩繽紛的四季彩之丘

我們沿著 996 縣道往美瑛市前進，這一段路多為平緩的上下坡，比起昨天上川路線的一路下坡來說，具有挑戰性。不過沿途風景很美，大約騎不到 1 個小時，即可望見一大片如同波浪的農田，還有農民在採收蔬菜及馬鈴薯，感覺像是畫家米勒的「拾穗」。而且遠處還夾雜一小區一小區的花卉，於是農田裡的不同作物搭配花卉交織的丘陵景色。透過領騎的解釋，才知道這一條就是著名的「超廣角之路」（或景觀之路）。

有些農場有心種植色彩豐富的花海，成為特殊景觀設計，並開放觀賞，像是我們這次去的「四季彩之丘」，佔地 15 公頃，是一處私人的花田農場，入口處也很好辨認，除了一棟鵝黃色的建築物外，還有一個用牧草堆起來的巨型人偶，十分親切可愛。

離開四季彩之丘，在前往新榮之丘展望公園的路上，還可眺望到有上富良野八景美譽之一的深山峠摩天輪。

從四季彩之丘前往新榮之丘展望公園的路上，還可眺望到有上富良野八景的深山峠摩天輪。

四季彩之丘入口處的牧草巨型人偶。

Data

**四季彩之丘**
ADD：〒 071-0473 北海道上川郡美瑛町新星第三
TEL：+81-0166-95-2758
WEB：http://www.shikisainooka.jp/tc/

## 到美瑛市區賞尖屋頂建築物及吃冰淇淋

　　約再騎 1 個小時不到，經過一座紅色拱橋，就進入了美瑛市區。這個小鎮很有意思，為了防止大雪堆積，壓壞建築物，因此屋頂採三角形設計，有趣的是每棟建築物的牆上都會大大標示起造日期，也因此美瑛又被稱為「童話小鎮」。

　　我們騎到 JR 美瑛車站先休息一下，

並在旁邊步行不到 3 分鐘的「丘之倉（丘のくら）」門口，大啖由美瑛牛乳做成的霜淇淋，旁邊還有販售當地小農的農產品。

　　很搞笑的是，不知為什麼我騎這台登山車感覺很費力，結果跟日本領騎反應才知道，原來我忘了關掉車子的避震器，難怪一路一直「ㄅㄨㄞ」，真是浪費力氣，又容易腰痛。幸好發現得早，之後的路程就順利很多了。

1. 以區塊狀的農作物耕地與花田呈現的拼布之路。2. 有童話小鎮之稱的美瑛市區尖頂建築。3. 在「丘之倉」門口，大啖由美瑛牛乳做成的霜淇淋。4.「丘之倉」還陳列當地的農產品販售。

Data

**新榮之丘展望公園（ひまわりの丘）**
ADD：北海道上川郡美瑛町美馬牛新榮
TEL：+81 166-92-4378
WEB：https://www.biei-hokkaido.jp/zh_TW/
sightseeing/shin-ei-no-oka-view-park/

1.

2.　　　　3.　　　　4.

## 站在北西之丘展望公園制高點，看盡美瑛丘陵美景

其實，美瑛地區以 JR 美瑛站及鐵路線路為分界，分南北兩區，車站以北是拼布之路，以南則為超廣角之路。所以吃完霜淇淋，也才早上 10 點多，因此一路衝向位在美瑛市區另一側「拼布之路」前進。由於這一區，主要以區塊狀的農作物耕地與花田呈現，夏季時，因種植不同種類的農作物和花海，一眼望去各種色彩交互拼湊，宛如一塊大地的拼布一樣，因而得名。

2.

沿路經過北西之丘展望公園，是一座金字塔造型的瞭望台，，登上二樓的瞭望台，即可將美瑛丘陵上的五彩大地，及遠處的大雪山山脈美景盡收眼底。公園內設有旅遊資訊點，及小吃餐飲店，也是我們中午的用餐之地。

Data

北西之丘展望公園
ADD：北海道上川郡美瑛町大久保協生
TEL：+ 81-166-92-4445
WEB：http://www.furanotourism.com/cn/spot/
　　　spot_D.php?id=437

美瑛「丘之倉（丘のくら）」
ADD：北海道上川郡美瑛町本町 1 丁目
TEL：+81-166-92-2960
WEB：http://www.hokkaido-michinoeki.jp/
　　　michinoeki/2854/

1. 北西之丘展望公園，是一座金字塔造型的瞭望台。2. 拼布之路的路況不錯。

## 看七星之樹及柔和七星之丘

如果問我對拼布之路印象最深刻是什麼？應該是親眼看到很多出現在 CF 廣告裡有名的樹木吧！

首先是七星之樹（Seven Star の木），這是在 1976 年出現在日本「七星」香煙的包裝上而成名，就一棵柏樹獨立在路邊，感覺真的很像台東池上的金城武之樹耶。之後又探訪了親子之木以及柔和七星之丘（Hill of Mild Seven），後者以一整排挺拔的白楊樹林，立在遠處起伏的美瑛丘陵上，讓人感覺一種寂靜的氛圍，聽說冬天雪景更美。之後，途中還經過一處牧場，看到乳牛悠閒的散步吃草，真的好療癒呀！

Data

**七星之樹**
ADD：北海道上川郡美瑛町北瑛
WEB：https://www.biei-hokkaido.jp/zh_TW/sightseeing/sevn-stars-tree/

**柔和七星之丘**
ADD：北海道上川郡美瑛町美田

1. 來美瑛必訪的七星之樹。
2. 在路上看到乳牛，悠閒地走著。3. 充滿寂寥意境的柔和七星之丘。4. 車友們正沿著拼布之路的坡度上上下下。

## 富田農場吃哈密瓜冰淇淋

繞完拼布之路後，切進 237 縣道前往上富良野方向前進。一路上隨著山坡坡道上上下下的，還經過一段號稱日本最安全的上富良野八景之一「雲霄飛車之路」，不過這短短 2.5 公里的直線道路，位於交錯起伏的丘陵地，高低落差極大，對自行車來說，卻騎得喘噓噓，因此再美的景緻也無空欣賞。

路上一直看到紅白交間的箭頭指示以及架高如層層棚架的設施，問日本領騎才發現，原來大雪覆蓋道路時，用來指引駕駛人道路行駛的指示，棚架則是幫忙擋雪，以防範道路被雪淹沒。

中間因為遇到午後雷陣雨，因此有稍微停歇。等騎到富田農場時，都已經下午四點多了，幸好還沒有關門，當然要來好好品嘗一下當地特產的哈密瓜，以及特製又濃又香的哈密瓜冰淇淋。然後又趕著上車到今天的休息地：富良野王子大飯店。有趣的是，當飯店得知我們連兩天遇到下雨，還特別製作晴天娃娃送我們。

Data

**富田農場**
ADD：北海道空知郡中富良野町基線北 15 號
TEL：+81- 0167-39-3939
WEB：http://www.farm-tomita.co.jp/cn/

1. 2.

1. 一路上看到的紅白交間的箭頭及棚架都是北海道為大雪蓋路時的指示及裝備。2. 終於到富田農場了！超大哈密瓜是標誌。

Day03

路線資料
距離：約 85 公里
所需時間：7 小時
等級：初級
最大坡度：1%
總爬升：412 公尺
最低海拔高度：25 公尺
最高海拔高度：334 公尺

新富良野王子大飯店→滝里湖→天德院大觀音→芦別市向日葵花田→歌志內市→砂川市→美唄市

## 38 號國道拜訪滝里湖及天德院大觀音

沒想到第三天真的托晴天娃娃的福，竟然沒有下雨，讓我們從新富良野王子大飯店出發後，一路騎到岩見澤市，全長 87 公里，都是好天氣。雖然今天是所有路線最長的距離，但因地勢多為下坡路段，因此騎來也還算輕鬆。

我們一大早就從飯店出發，沿著 38 號國道往滝川及芦別前進。第一站即到滝里湖。別小看這個湖，它是依山型而築的水壩，主要是調節石狩川系的空知川中下游的水資源，同時還是國營的露

營場，聽說設備十分完善，而且講到其所在地芦別市還是日本環保省認定的「星降之城」，有 89% 是森林，因此光害少，成為渾然天成的自然觀星平台，有空我也要來試住看看。也因此在路上不時看到「有熊出沒」也不會覺得奇怪了。

過了芦別市區沒多久，便在國道休息站做短暫休息時，旁邊有一座橋，我們上面跳拍，尤其是橋後方有一尊高達 88 公尺的白色觀音神像及五重塔，隸屬北海道天德院，是北海道知名旅遊景點之一，一般人可以進入這個觀音神像裡，將芦別市街一覽無遺。

新富良野王子大飯店
ADD：〒 076-8511 北海道富良野市中樂料
TEL：+81-167-22-1111
WEB：http://www.princehotels.com/newfurano/

滝里湖オートキャンプ場
ADD：〒 075 8711 北海道芦別市北 1 条東 1 丁目 3 番地
　　　（芦別市商工観光課観光振興係内）
TEL：+81-124-22-2111
WEB：https://go-to-ashibetsu.com/
　　　media/2017/02/15/45

1.晴空萬里，向芦別市出發。2.沿途會經過滝里湖，是一座人造的水壩。3.位在天德院的觀音神像，高達 88 公尺，是當地地標。4. 快要收割的稻米好美！ 5. 這段沿途都是黃澄澄的稻米。

## 在稻田及向日葵間完美落幕

　　相較美瑛及富良野的馬鈴薯田，從芦別往歌志內市及砂川市南騎，沿路則是稻米景象，尤其此時正是稻穗成熟時機，黃澄澄一片，讓人覺得心曠神怡。

　　有趣的是，路上巧遇一團日本人正在騎單車環北海道一周，我們彼此交換心得，並騎乘一段距離後，在加油聲中告別。

　　沿途在稻田及向日葵交錯之下，經過一座座的市鎮。大約每 30 公里就歇一下，方便彼此照料。中午則落腳在歌志內市吃炊飯及蕎麥麵，又趕往下一個行程。等到達砂川市時，已大約下午 1 點左右。進入美唄市後就放慢速度，一路走走停停，接續空知線的沿路風景，在空知神社結束這次旅程。

北海道分院天德院（天德館）大觀音
ADD：〒 075-0036　北海道芦別市旭町 31 番 1
TEL：+81-124-23-1121
WEB：http://tentoku-in.com/index.html

忘卻煩惱的道東湖泊、溫泉行

# 網走・釧路線

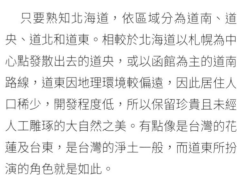

1.
2.
3.

稚內
網走
旭川
美瑛
小樽　美唄　帶廣　釧路
札幌
函館

行　　　程：網走湖→能取岬→屈斜
　　　　　　路湖→摩周湖→阿寒湖
　　　　　　溫泉→釧路市
所需天數：3 天
距　　　離：DAY1 約 95 公里＋
　　　　　　DAY2 約 90 公里＋
　　　　　　DAY3 約 84 公里
等　　　級：中級
建議騎乘月份：7 ～ 10 月 (11 月～
來年 4 月路上結冰不適合 )
日 本 自 行 車 諮 詢 資 訊：http://
www.abakanko.jp/rental-cycle/

　　只要熟知北海道，依區域分為道南、道央、道北和道東。相較於北海道以札幌為中心點發散出去的道央，或以函館為主的道南路線，道東因地理環境較偏遠，因此居住人口稀少，開發程度低，所以保留珍貴且未經人工雕琢的大自然之美。有點像是台灣的花蓮及台東，是台灣的淨土一般，而道東所扮演的角色就是如此。

　　一樣從新千歲機場入境日本北海道，然後搭乘巴士前往網走市，距離約 350 公里，花 5 小時車程，中間會停留兩個休息站充分休息。日本的休息站叫作「道の駅」，每一間都極具特色，不但一進門有提供免費的茶水供應外，還可讓人稍稍休息，提供能填飽

4.

1. 藍天白雲的道東行。2. 北海道的休息站都極具特色，此為標高 525 公尺的美幌峠展望台。3. 道東釧路自行車隊出發！ 4. 站在屈斜路湖最高點，有小天下的味道。5. 在日本領騎帶領下體驗道東之美及在地小吃。

肚子的美食、點心、返鄉訪友必備的伴手禮等。

這次選定的道東路線，我們從北邊的網走湖開始，騎到最北邊的能取岬，觀看鄂霍次克海，再一路往南騎至釧路，一起探索北海道道東的神秘景點。在這裡騎乘自行車可以說是一種享受，不但能呼吸新鮮空氣，觀看美麗風景，最重要的是這條路是沿著火山地形行走，沿途有不少特殊地景可以欣賞及遊玩，每天都有溫泉可以泡個過癮。騎到阿寒湖，還可以欣賞已列入聯合國教科文組織世界無形文化遺產的阿寒愛努IOMANTE 火祭。

5.

Day01

路線資料
距離：約 95 公里
所需時間：約 8 小時
等級：中級
最大坡度：5%
總爬升：860 公尺
最低海拔高度：1 公尺
最高海拔高度：477 公尺

網走湖莊飯店→網走湖→能取岬→肉の割烹田村→美幌峠屈斜路湖→屈斜路湖王子大飯店

## 體驗網走湖悠閒之美

　　因為道東位置比較偏遠，因此建議從新千歲機場出關後，不妨在網走湖畔休息一天。這次居住的是網走湖莊飯店，毗鄰著網走湖畔，即便不出門也可以領略湖光山色之美，飯店也有提供溫泉及桑拿浴室，並以北海道盛產海鮮為主的懷食料理，有超大的帝王蟹、日本第一之稱的干貝等，令我印象深刻。

　　一大早，就聚集在飯店門口的網走湖畔，做完暖身操，即出發。今天主要行程是先往北騎到能取岬，繞網走湖半圈，然後再往南騎到屈斜路湖為終點。

　　網走湖，聽說早在六千年前，曾是鄂霍次克海的海灣。隨著海面後退和地盤上升，約在一千兩百年前時，由海灣變為湖泊，目前是網走國定公園的一部分。冬天湖面結冰，因此在雪祭時，會舉辦冰上釣魚活動。

1. 網走湖莊飯店外觀及著名的 10 疊海鮮懷食料理。2. 一大早就從網走湖出發。3. 一路沿著網走湖畔的 38 國道騎乘。4. 過了網走市區後，右邊則為顎霍次克海。

3.
4.

**網走湖莊飯店（ABASHIRIKOSO HOTEL）**
ADD：〒 099-2421 北海道網走市呼人 78
TEL：+81-152-48-2311
WEB：http://www.abashirikoso.com/

**網走湖**
ADD：〒 099-2356 北海道網走郡大空町女満別
昭和 96 番地之 1 （NPO 法人オホーツク大空
町観光協会）
TEL：+81-152-74-4323
WEB：http://www.ooz-kankou.
com/01kankou/01kankou_b.html

## 能取岬看燈塔及望海

一路沿著網走湖畔的 38 國道騎乘，大約半小時即可進入網走市區。這裡人車稀少，是個安靜的小鎮，之後出了市區往北騎，不久就可以望見著名的顎霍次克海。大約再騎一個小時，就到當地著名的能取岬及燈塔。能取岬是位於網走北方的岬角，斷崖自網走河口一面延展至顎霍次克海，而燈塔就立於岬頂，附近沒有什麼遮蔽物，就見一整片的綠色草原及藍色大海。聽說舒淇和葛優主演的電影《非誠勿擾》，有一幕舒淇跳海的橋段就是在能取岬拍攝。這裡也是海豹的棲息地，可惜我們這次沒有看到。

5.
6.

5. 黑白相間的能取岬燈塔。
6. 來吧！跟燈塔拍一張！

**能取岬**
ADD：〒 093-0003 北海道網走市南 3 条東 4 丁
目 （一般社團法人網走市観光協会）
TEL：+81-152-44-5849
WEB：http://www.abakanko.jp/seen/scenery/
notorimisaki.html

## 在肉の割烹田村大啖和牛

　　由於從能取岬往前到美幌町市區吃中餐，大約有 30 ～ 40 公里，因此在中間安排一處露天補給站，讓大家吃點東西補充一下體力。當領隊拿出補給品時，真的是令人大開眼界，鯛魚燒、煎餅及巧克力都不夠看，熱的馬鈴薯泥搭配日本明治的美乃滋醬，真是美味呀！

　　吃完後，便朝著市區前進，快到下午 1 點才騎到北海道著名的燒肉餐廳「肉の割烹田村」，聽說位在美幌町這家是本店。外觀也很好認，鐵灰色的屋子，門口種植一排紅葉。走進店內，挑高的天花板設計讓人感覺很舒暢，室內不會像其他燒肉店充滿了油煙味。我們是坐在和式包廂裡，大啖北海道盛產的和牛燒烤。

1. 露天補給站。2. 馬鈴薯泥搭配日本明治美乃滋，好好吃！3. 休息夠就往南出發，要去吃好料囉。4. 到了位在美幌町市區的肉の割烹田村本店。5. 看～北海道和牛油花多美！

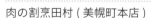

Data

**肉の割烹田村 ( 美幌町本店 )**
ADD：北海道網走郡美幌町大通北 4
TEL：+81-0152-73-5008
WEB：http://www.fmc-tamura.co.jp/

**美幌峠展望台**
ADD：〒 092-0022 北海道網走郡美幌町字古梅
TEL：+81 152-75-0700
WEB：http://www.hokkaido-michinoeki.jp/michinoeki/2502/

1. 從美幌峠展望台俯視屈斜路湖美景。2. 吃飽後出發挑戰今日制高點美幌峠。3. 下滑到屈斜路湖王子大飯店，接受飯店人員的揮旗迎接。

## 美幌峠眺望屈斜路湖

　　吃完喝足後，開始今天最具挑戰的行程，就是一路爬升約 500 公尺上坡，到美幌峠眺望屈斜路湖的景色。

　　在日文當中，「峠」是指最高點，我們從下午二點開始從美幌町市區出發，沿著國道 243 號前進，到達美幌峠展望台時，大約是下午四點左右了。雖然身體很疲憊，但是從美幌峠向下眺望屈斜路湖時，360 度美景盡在眼底，讓我不由得把車子舉起來，大喊：「We are the World！」也難怪被譽為「天下絕景」之一。

　　屈斜路湖（くっしゃろこ）是位於日本北海道東部弟子屈町一個天然湖泊，全域被劃入阿寒國立公園，目前為日本最大，世界第二大的破火山口湖，湖中央擁有日本最大的湖中島。而我們今天要住在這個湖泊旁邊的王子飯店，聽說這裡曾以水怪庫希而聞名，不知會不會跟水怪不期而遇呢？

　　休息片刻，便一路下滑到屈斜路湖王子大飯店，不到半個小時就到了。進飯店時，還有飯店人員在門口搖旗歡迎我們，但我只想泡溫泉，由地下 1000 公尺湧出的富含鹽分和碳酸泉水，不但可以消除疲勞，還有美膚效用呢！

Data

屈斜路湖
ADD：北海道川上郡弟子屈町
WEB：http://www.masyuko.or.jp/pc/kussharo.html

屈斜路湖王子大飯店
ADD：〒 088-3395 北海道川上郡弟子屈斜路溫泉
TEL：+81-15-484-2111
WEB：http://www.princehotels.com/kussharo/zh-tw/

**Day02**

路線資料

距離：約 90 公里
所需時間：約 8 小時
等級：中級
最大坡度：4.71%
總爬升：1417 公尺
最低海拔高度：105 公尺
最高海拔高度：755 公尺

屈斜路湖→砂湯→硫磺山→摩周湖第三展望台→摩周湖第一展望台→弟子屈町→摩周觀光文化中心 🚌→双湖台→阿寒湖溫泉→鶴雅溫泉飯店

## 屈斜路湖的砂湯新體驗

　　一早從飯店出發，沿著屈斜路湖東側一直前進，大約一小時就來到今天第一個景點——砂湯。只要用腳或手挖開砂地，熱水就會湧出來，形成天然的泡腳池或溫泉，因此吸引很多人來這裡泡腳，或做砂浴。現場也有用木頭框起來的免費溫泉，可多加利用。

　　體驗砂湯完後，可以到旁邊的土產店，店家門口還有一隻水怪庫希巨大模型，可以拍照哦！

1. 把腳埋在砂子裡就有溫泉湧出可以泡腳。2. 砂湯旁也有專用的池子可以泡腳。3. 土產店門口的水怪模型。

**Data**

砂湯
ADD：北海道川上郡弟子屈町字屈斜路砂湯
TEL：+81-15-482-2191
WEB：http://sunayu.teshikaga.asia/

硫磺山
ADD：北海道川上郡弟子屈町川湯硫黃山
TEL：+81- 1-5482-2259
WEB：http://www.masyuko.net/index.html

## 硫磺山近看火山口噴氣孔

　　接著往川湯溫泉車站前進，騎沒多久，就到了硫磺山入口。它是一座活火山，相傳大約在 1700 年前火山爆發形成的，因此從山腹到山頂常有大大小小的噴氣孔，煙霧裊裊，冒著含硫磺氣味的水蒸氣。也因為地熱關係，所以寸草不生，一片荒涼景致成為特色。這裡除了可近距離觀看火山口噴氣孔外，也可以買溫泉水煮的溫泉蛋，及哈密瓜霜淇淋，可是獲得 MONICA 盃北海道冰淇淋大賽的第一名哦。

1. 硫磺山的火山特殊地景。2. 山中有大大小小的噴氣孔。3+4 硫磺山也有湧泉溫泉可煮蛋及咖啡，並有圖片教學。

## 日本透明度最高的摩周湖

離開硫磺山，則是沿著 52 縣道前往摩周湖。在快到摩周湖第三展望台時，會有一小段的 S 形髮夾彎，考驗著自行車騎士的腳力。

我們運氣十分好，到達摩周湖時，天氣正好，可以看到整片摩周湖面的全貌，也因這個幾乎不含雜質的水質清澈度，使得摩周湖有著日本透明度最高的湖泊美名，更有「摩周藍寶石」之稱，在 2001 年列為北海道遺產。聽說摩周湖因為水氣問題，終年被霧氣籠罩，所以能看到天晴時的摩周湖是非常幸運的一件事。

觀看摩周湖有三個展望台，除了摩周展望台因在湖的對岸不順路而無法前往外，靠近川湯溫泉的第三展望台及靠近摩周溫泉的第一展望台，都在這次騎乘的路上。從不同展望台看到的湖面風貌都不一樣，連湖的顏色也不一樣，很值得欣賞。

1. 摩周湖有藍寶石之稱。2. 摩周湖第三展望台。
3. 摩周湖第一展望台的景致。

Data

摩周湖
ADD：〒 088-3201 北海道川上郡弟子屈町
TEL：+81-15-482-1530
WEB：http://www.masyuko.or.jp/pc/sightseeing/
masyuko.html

# 「レストラン摩周」品嘗摩周便當

離開摩周湖後，便到弟子屈町市區
的摩周觀光文化中心裡，一家叫「レス
トラン摩周」餐廳吃當地便當料理，叫
「慕之內弁当」，要預約制才吃得到。
值得一提的是這家餐廳的老闆和田先
生，選用弟子屈産的蕎麥，並用石臼慢
速低溫狀態所磨出的蕎麥粉，製作手打
蕎麥麵，比機器研磨的保存更多營養和
香氣，是當地的排隊人氣餐廳，幸好那
天我們非用餐時間，得以慢慢品嘗，享
受一頓美味的午餐。

Data

2.

レストラン摩周
ADD：〒 088-3201 北海道川上郡弟子屈町摩周 3
丁目 3 番 1 号（摩周觀光文化中心）
TEL：+81-15-482-1530
WEB：http://www.soba-mashu.com/

1.

## 双湖台再起程，騎往阿寒湖

用過餐後，考量從弟子屈町到阿寒湖溫泉約 20 多公里，卻必須一路爬升約 700 多公尺，怕太耗損體能，再加上這段路出發況不好行走，且沒有風景可以看，因此便安排搭車代步至双湖台，再接續騎乘。

而位在阿寒橫貫公路（國道 241 號）的双湖台可以看見樹海中兩個神秘的湖泊，同時一路上伴著雄阿寒岳山頭前進，並往阿寒湖溫泉區下滑，大約下午四點鐘，便抵達今天要住宿的阿寒湖鶴雅溫泉飯店。

Data

## 双湖台
ADD：〒 085-0000 北海道釧路市阿寒町双湖台
TEL：+81 154-66-2936
WEB：http://tw.kushiro-lakeakan.com/things_to_do/3896/

1. 離開摩周湖後，便前往弟子屈町市區。2. 中午吃預約才有的「レストラン摩周」特色便當。3. 在阿寒橫貫公路上可眺望雄阿寒岳山頭。4. 搭車從弟子屈町到双湖台停車場，再接續。

雄阿寒岳山

## 阿寒湖溫泉區散步小旅行

一進到阿寒湖鶴雅溫泉飯店的大廳，會被裡面的藝廊深深吸引，由雕刻家藤戶竹喜所製作的圖騰木柱，散發著當地原住民愛奴族語「Irankarapute（你好）」之文化氣息。進入飯店後，沖洗一下澡，發現時間還早，於是出門逛一下。從飯店走到阿寒湖畔很近，還有碼頭可搭乘觀光船遊覽阿寒湖。至於溫泉街除了餐廳、紀念品店，還有北海道最大的愛努村落（後改名為：「阿伊努族聚落」），目前約有 35 戶大約 200 人實際生活在這裡。 愛努族是自古以來生活在北海道的原住民，每年秋天還會將平常公演的愛努古式舞蹈，改在野外特設會場，舉辦迫力滿點的「IOMANTE 火祭」。

3.

# 不可錯過的阿寒愛奴族的「IOMANTE 火祭」

番外篇

來到阿寒湖溫泉區就一定不能錯過「IOMANTE 火祭」，這是當地原住民愛奴族將傳承阿寒地區的自然、風土、文化等獻祭的舞蹈，並已列入「聯合國教科文組織世界無形文化遺產登錄」，整個儀式籠罩在震撼夢幻的世界中，並像火焰般歌舞的夢幻舞台，以向村落的守護神——蝦夷島梟（毛足漁鴞）祈求著平安，讓人深受感動。

Data

**IOMANTE 火祭．**
ADD：北海道釧路市阿寒町阿寒湖溫泉 4-7-84
TEL：+81-154-67-2727
WEB：http://tw.kushiro-lakeakan.com/things_to_do/7008/

2.

4

1. 阿寒湖鶴雅溫泉飯店。2. 飯店大廳代表愛奴族圖騰木柱。3. 阿寒湖溫泉街。4. 阿寒湖畔的碼頭可搭乘觀光船。

Data

阿寒湖溫泉區
ADD：北海道釧路市阿寒町阿寒湖溫泉
TEL：+81-154-67-3200
WEB：http://tw.kushiro-lakeakan.com/things_to_do/3890/

阿寒湖鶴雅溫泉飯店
ADD：〒 085-0467 北海道釧路市阿寒町阿寒湖溫泉 4 丁目 6 番 10 号
TEL：+81-154-67-4000
WEB：http://www.tsurugawings.com/tw/

## Day03

### 路線資料

距離：約 83 公里
所需時間：約 8 小時
等級：中級
最大坡度：1%
總爬升：153 公尺
最低海拔高度：2 公尺
最高海拔高度：454 公尺

阿寒湖→鶴雅溫泉飯店→徹別多目的中心→道の駅阿寒丹頂の里→釧路濕原展望台→釧路市役所

## 阿寒丹頂の里休息站用餐

　　一早從阿寒湖鶴雅溫泉飯店出發，沿著國道 240 號往釧路前進。很幸運的是，相較前二天的上上下下路途，今天全程下坡，比較輕鬆。為了趕到釧路市，停留的行程並不多，把主力放在下午的釧路濕原國立公園去看丹頂鶴。

　　這路上很平坦，沿途經過很多牧場，因此可以看到牛羊在吃草野放。騎 2 小時在徹別多目的中心休息。緊接著便朝向北海道國道休息站的阿寒丹頂の里休息站（道の駅阿寒丹頂の里）前進，並順道在這裡吃午餐。從這裡開始，一路上都會看到有關丹頂鶴各式各樣的圖騰，算是進入丹頂鶴的故鄉了。

1. 到徹別多目的中心休息拍照，休息完便出發。2. 中午在道の駅阿寒丹頂の里的餐廳吃飯。3. 進入釧路後，隨處可見有關丹頂鶴的圖騰及雕像。

1.
2.
3. 丹頂鶴

### Data

**徹別多目的中心（徹別多目的センター）**
ADD：〒 085-0237 北海道釧路市阿寒町徹別中央３４線４１
TEL：+81-154-68-7181

**道の駅阿寒丹頂の里＋阿寒特産品販賣所**
ADD：〒 085-0245 北海道釧路市阿寒町上阿寒 23-36-1
TEL：+81-154-67-2727
WEB：https://www.akan.jp/about

## 釧路濕原國立公園驚見丹頂鶴喜相逢

離開休息站後，我們沿著小路，進入著名的釧路濕原國立公園，是日本第一大濕原，總面積約 183 平方公里。這裡有豐富的動植物生態，除了熊、鹿等，最著名的莫過於野生丹頂鶴。根據調查日本國內發現的丹頂鶴共達 1300 多隻，其中約有 1000 隻棲息於釧路濕原，因此也有所謂的「千羽鶴（千隻鶴）」之意。

果然在轉進釧路濕原的專屬自行車道後不久，便在草原裡看到丹頂鶴正在覓食，真的太幸運了。大約騎了一個多小時，遠遠的就看到一棟紅色底綠皮，外觀像飛行帽的建築物，就是釧路濕原展望台遊客中心。這棟建築物有二層樓，一樓有餐廳、販賣部，但上二樓就必須付費了。因此我們在一樓吃完日本領騎幫忙準備的補給品後，又匆匆出發了。因此從這裡到釧路市役所大約還有 10 多公里。當快到達釧路市役所時，看到一大堆人列隊歡迎我們，場面好像是自行車最後終點衝刺一樣盛大，還請出釧路市的吉祥物——小鶴來迎接我們，真的是太驚喜了！也結束了道東約 200 多公里的騎乘，搭機回台灣。

1. 在釧路濕原展望台吃補給品，有香蕉及當地的丹頂鶴餅乾。2. 進入釧路濕原的專屬自行車道。3. 造型奇特的釧路濕原展望台。

Data

釧路市役所
ADD：〒 085-8505 北海道釧路市黑金町 7 丁目 5 番地
TEL：+81-154-23-5151
WEB：http://www.city.kushiro.lg.jp/

釧路濕原展望台遊客中心
ADD：北海道釧路市北斗 6-11
TEL：+81-154-56-2424
WEB：http://kam-kankouken.jp/tourism/cnt/kushiro/special/

吃海鮮、摘蘋果、看睡魔的輕騎行

# 五所川原線 十三湖・津輕半島

五所川原
青森

宮古

仙台

福島

1.11 月份路上有楓葉陪襯。2. 摘蘋果是青森騎車最大樂趣。3. 東北地區的鐵路沿線可以拖運自行車,不怕騎不動。

行　　程：青森市→龍飛岬→十三湖→五所川原市

所需天數：2 天

距　　離：DAY1 約 84 公里＋ DAY2 約 58 公里

等　　級：中級

建議騎乘月份：6 ～ 10 月

日本自行車諮詢資訊：http://rentacycle.info/category/tohoku/aomori/

　　相較於北海道富良野,或富士山登山賽,甚至沖繩環島,日本東北地方對台灣車友而言是個陌生的領域。事實上,日本東北地區有海、有山,因此很適合夏天及秋天安排自行車之旅,尤其是位在日本本州最北端的青森縣,更是推自行車活動不遺餘力。

　　有別於一般旅遊方式,無論是津輕海峽、日本海、太平洋三海,或著名賞楓地點的白神山地以及奧入瀨溪、十和田湖等壯麗的自然景觀,或是享

可以在津輕鐵道株式會社的網站上事先租借自行車，然後在五所川原市取車，就不用大小包出門了！

用豐富的美食料理、溫泉等各種觀光景點，騎著自行車都能親身感受青森縣的各種魅力。當然不能錯過青森舉世聞名的蘋果，騎乘在青森、五所川原市、弘前市等地區，每年 10 月開始，沿途蘋果園裡看起來讓人垂涎欲滴的紅色大蘋果，令人想停車下來摘取咬一口。

另外，還有每年 8 月初在青森各地所舉辦的睡魔祭，巨大的燈籠花車及眾人舞蹈吶喊，在各地方連番舉行，將氣氛帶到前所未有的熱鬧。

從台灣到青森縣有幾個管道可以進出：一是坐飛機到東京羽田機場，直接搭乘國內班機飛到青森機場，再坐機場巴士進入青森市區；另一種方式則是坐飛機到東京國際機場（成田及羽田均可）入關，搭車到 JR 東京車站後，改搭東北新幹線，約 190 分鐘即可到達 JR 新青森車站。另一種嘗鮮的方式，就是直接從台灣坐飛機到函館機場，再搭乘津輕海峽渡輪到青森港。

在東北地區騎自行車要注意，由於因多屬沿海及森林地形，即便是夏天也早晚溫差大，建議最好保暖防風衣物要隨身攜帶。另外，東北地區騎自行車可以同時享受坐電車及坐渡輪的樂趣，很值得前來一遊。

Day01

路線資料

距離：約 83 公里
所需時間：約 8 小時
等級：中級
最大坡度：10%
總爬升：840 公尺
最低海拔高度：0 公尺
最高海拔高度：479 公尺

青森市 🚃 →今別町→青函隧道入口廣場→龍飛岬觀光導覽所→龍飛岬→津輕海峽冬景色歌謠碑→階段國道 339 號置高點→小泊おさかな海岸→十三湖→高山稻荷神社→かなぎ元気村茶房鄙家→金木駅 🚃 →五所川原市

## 青函隧道入口廣場
### 體驗新幹線從旁奔馳

　　無論從青森市或五所川原市出發，繞津輕半島一圈都要騎上 150 多公里，想要在一天完成，對單車初學者來說是有難度的，幸好日本領騎很貼心，建議我們從青森市搭津輕線電車坐到今別駅，開始今天約 70 多公里的行程，還刻意安排 2016 年才開通，串聯日本的本州與北海道的北海道新幹線青函隧道入口處，近距離感受新幹線列車極速通過的震撼感。特別的是，這裡有個慶祝青函隧道開通的小神社，旁邊有個貫通石，聽說摸這個就會生男生，或帶來好運喔！

Data

### 青函隧道入口廣場
ADD：〒 030-1501 青森縣東津輕郡今別町大字浜名字黑崎
TEL：+81-174-35-2001（今別町政府聽舍）
WEB：http://www.town.imabetsu.lg.jp/sightseeing/tourist/tonneru.html

1. 摸青函隧道口小神社旁的貫通石，聽說會生男。2. 有長鼻子的北海道新幹線車型太酷了 3. 這次領騎的日本帥哥 Eriyama Genki。4. 沿路欣賞津輕海峽美景。

## 有故事的龍飛岬觀光導覽所

拍完新幹線從隧道出來後，便開始下滑至國道 280 號往北騎到龍飛岬。在匯入國道 339 號交接處，即可見到用風力發電翼做成的龍飛岬指示招牌，實在很有趣。基本上青函隧道離龍飛岬大概 10 幾公里就到了。

為什麼叫龍飛岬，除了岬灣地形凹凹凸凸外，由於位在津輕半島最北端，外型像乘風飛翔的龍一般而得此名。旁邊就是津輕海峽，路上會經過不少當地的漁村，再加上剛好是 11 月入秋之際，還有楓紅伴著我們前進。

先到龍飛岬觀光導覽所，又稱之為「龍飛館」，是由知名作家太宰治及畫家棟方志功、津輕三味線名人高橋竹山曾經借宿過的「奧谷旅館」改裝而成的，裡面放置不少相關的資料，以及這家旅館的演變。離開時還可以拿一個金魚狀的摺紙燈籠，完全免費。

這個景點可以好好停留一下，因為對面還有太宰治文字碑，及有許多水泥動物的雕像。嘿嘿！我還跟大猩猩一起拍照，才不辱我「小猴」之名。

大猩小猴一起拍！

5. 用風力發電翼做成的龍飛岬指示招牌。6. 奧谷旅館改裝的龍飛岬觀光導覽所。7. 裡面陳列作家太宰治及畫家棟方志功的資料及旅館舊照片。8. 從入口開始可以看到傳統日本建築特色，要脫鞋。

## 津輕海峽冬景色歌謠碑，與北海道相望

在龍飛館補給完後，便開始往上騎，有趣的是國道339號有一段是所有汽車無法通行，通到龍飛崎燈塔，稱為「階段國道」，由362個階梯所組成，也是日本400條國道的唯一特色，成為這裡知名景點之一。至津輕海峽冬景色歌謠碑，高約388公尺。

歌謠碑再過去則是著名的龍飛崎燈塔，站在這裡也可以望見，向下則可看見剛才吃補給品的龍飛漁港港灣。歌謠碑旁有個紅色按鈕，就會傳出由日本女星石川小百合演唱的〈津輕海峽‧冬景色〉，耳邊聽著演歌，眺望對岸的北海道，這個感受真新奇。

這是北海道

### Data

**津輕海峽冬景色歌謠碑**
ADD：青森縣東津輕邵郡外ヶ浜町三厩龍浜
TEL：+81-0174-31-1228（外ヶ浜町産業観光課）
WEB：http://www.aptinet.jp/Detail_display_00003481.html

**階段国道339号**
ADD：青森縣東津輕郡外ヶ浜町三厩龍浜
TEL：+81-0174-31-1228（外ヶ浜町産業観光課）
WEB：http://www.aptinet.jp/Detail_display_00000413.html

再騎乘約7公里的山路，到達國道最高點的鞍部，可以清楚看見整個岬彎景色，真的好冷，所以不能久留。山頭另一邊就是等一下要下坡的公路線，看起來有點像台灣九份的金水公路，一路呈現S型迴紋針轉彎道有好幾段，讓大家下滑得十分過癮。一直下到一處叫「七ツ滝」的小瀑布，才算翻過津輕半島，進入了日本海域。

1.津輕海峽冬景色歌謠碑。2.向下可以看見龍飛漁港港灣，天氣好時，可以看到遠方的北海道。3.339國道最高點的鞍部，可以清楚看見整個岬彎景色。4.等一下要下滑的S型迴紋針轉彎道，像不像金瓜石的山路。5.「七ツ滝」的小瀑布。

1. 小泊おさかな海岸餐廳外觀。2. 餐廳也有生鮮部，賣新鮮的活魚。3+4. 一整條金目鯛的生魚片定食，還一魚三吃。5. 在路上可見漁村在曬魷魚，背面就是日本海。

Data

小泊おさかな海岸餐廳
ADD：〒 037-0521 青森縣北津輕郡中泊町大字小泊字折戶 51-34
TEL：+81-173-64-2001
WEB：http://www.nakadomarimebaru.com/shop/osakana.html

## 小泊おさかな海岸餐廳吃生魚片午餐

接下來大家很奮力的騎，聽說中午是生魚片大餐，好像希望一秒鐘就到，真是太瘋狂了。在領騎的帶領下，終於在 12 點半以前趕到一家叫「小泊おさかな海岸餐廳」。

餐廳從外面看一點也不起眼，沒想到一走進去，看到桌上一整條金目鯛（メ

バル）的生魚片定食，每個人口水都流下來了，而且一魚三吃，有炙烤的、生魚片跟煮湯。這可不是全年都有，完全要看當季漁獲而定。而且餐廳的所有魚都是從當地漁夫海釣來的，現做成料理，絕對新鮮。旁邊也有生鮮部，可以自己買活魚回去料理，門口景觀十分好，望向整片的日本海，旁邊還有在曬魷魚，也可現買。

## 十三湖與高山稻荷神社

吃飽喝足就出發啦，往十三湖前進。從這裡開始，全部都是平緩的大馬路，因此很好騎。十三湖是因為有十三條河川流入此湖，因此得名。它是屬於海水和淡水混合而成的半鹹水湖，有大和蜆棲息於湖中，是一個自然生態相當豐富的湖泊，也是青森縣境內第三大湖。因為要趕行程，所以我們在這裡拍一拍就趕快出發。到下一個景點——高山稻荷神社。

高山稻荷神社是位在屏風山正中央，聽說在這裡可以一望有津輕富士山之稱的岩木山、日本海和十三湖美景。這裡同時也是當地人祈求五穀豐收、海上安全與生意興隆相當靈驗的神社，登上百餘段的石階來到拜殿後，就能看見沿著山頭林立的縮小版紅色千本鳥居景觀及日本庭園，是當地人推薦的祕境之一。

Data

### 十三湖
ADD：〒 037-0403 青森縣五所川原市十三
TEL：+81-173-35-2111（五所川原市觀光物產課）
WEB: http://www.city.goshogawara.lg.jp/tourism/tw/view/juusanko.html

### 高山稻荷神社
ADD：青森縣津輕市牛瀉町鷲野澤 147-2
TEL：+81-173-56-2015
WEB: http://www.aptinet.jp/Detail_display_00000530.html

### かなぎ元気村茶房鄙家
ADD：〒 037-0207 青森縣五所川原市金木町蒔田桑元 39-2
TEL：+81-173-52-2882
WEB: http://www.aptinet.jp/Detail_display_00005391.html

1. 十三湖。2. 來跟十三湖跳拍一張吧！ 3. 長達 500 公尺的縮小版紅色千本鳥居景觀。4. 登上百餘段的石階來到拜殿。

## 茶房鄙家吃下午茶，
## 金木駅坐電車回五所川原市

　拜完神社後，沿著 228 號國道前進，往金木車站走。在一個名為「かなぎ元気村茶房鄙家」吃下午茶。它是由作家太宰治親戚家的老房子改裝而成，目前也是一間咖啡館，室內塌塌米中間有地爐可以生火取暖，還可以烤麻糬及煮水，體驗津輕地區的古時候生活。值得一提的是，這裡的點心都是當地人自己做的，造型像火車的餅乾，叫「雲平」，是當地人用糯米製作的點心，很好吃。

　考量天色已漸晚，在這裡不到 5 點天就黑了，為安全起見，我們騎到金木車站（金木駅）就改搭津輕鐵道的電車回到五所川原市。在車站旁有家可愛的

赤い屋根の喫茶店「駅舎」，它是利用津輕鐵道的舊蘆野公園車站的木造房改造成咖啡館，裡面收藏很多 1980 年代的舊物，讓人好懷念。因為要等電車，所以跟店員點一杯用虹吸沖煮的咖啡，一邊觀看店裡販售的伴手禮及收藏物，像是一台木頭做的電話筒，好像機器人的面孔，可愛極了。

　電車終於來了，把車子放在指定車箱後，便找地方坐下來休息，結束今天的騎乘之旅。沒想到一下子，大家都睡著了，可見這段路程也是很操。回到五所川原市，晚餐一定要好好犒賞自己。

1.

2.

3.

4.

5.

Data

**赤い屋根の喫茶店「駅舎」**
ADD：〒 037-0202 青森縣五所川原市金木芦野 84-171
TEL：+81-173-52-3398
WEB：http://wandono-ekisya.com/

**金木車站（金木駅）**
ADD：〒 037-0202 青森縣五所川原市金木芦野 95-2
TEL：+81-173-53-2056
WEB：https://www.mapion.co.jp/phonebook/M26021/02205/20230108223/

1. 赤い屋根の喫茶店「駅舎」是舊車站改裝的咖啡館。2. 烘爐是かなぎ元気村茶房鄙家老房子特色。3. 比比看，誰比較像電話筒？4. 津輕鐵道的電車好復古。5. 電車裡有指定的自行車擺放處。

Day02

**路線資料**

距離：約 58 公里
所需時間：約 6 小時
等級：初級
最大坡度：2%
總爬升：112 公尺
最低海拔高度：6 公尺
■最高海拔高度：51 公尺

五所川原市→一谷地區蘋果林蔭大道→津輕金山燒陶→ JR 五能線木造駅→鶴の舞橋→福士農園→五所川原みどり亭→立佞武多の館

## 途經蘋果林蔭大道與津輕金山燒陶

　　今天主要行程是繞五所川原市外圍一圈，體驗津輕平原的田原風光。但從飯店出門時，才攝氏 3 度低溫，難怪我穿了一件羽絨衣還是感覺好冷。途經市區內一谷地區著名的蘋果林蔭大道，兩側種了約 1 公里長的果樹，據說是全日本第一長。每到 7～8 月蘋果開花季節，賞花人潮不輸當地 4～5 月的櫻花季。

　　之後，沿著路一直騎，經過一片松柏林及大溜池，到達一處名為「津輕金山燒」的地方。門口放置許多陶燒的大型作品，最吸引人的是 12 生肖，小猴當然不免俗套地跟猴子陶燒作品拍一張。

　　聽說金山燒陶是承襲傳統的燒窯技術，並使用附近大溜池的優質黏土，不使用釉藥只利用赤松柴火、再用 1360 度的高溫燒製的「燒締」手法製作風格樸素的陶器作品，現場有製陶體驗，只可惜我們去太早了，還沒有開門。

1+2. 用金山燒製的 12 生肖陶藝作品。3. 途經松柏林區。4. 來跟猴子生肖拍照。

Data

**蘋果林蔭大道**
ADD：青森縣五所川原市內一谷地區
TEL：+81-173-35-2111（五所川原市觀光物產課）

**津輕金山燒陶**
ADD：〒 037-0011 青森縣五所川原市金山字千代鶴 5-79
TEL：+81-173-29-3350
WEB：http://www.tcn-aomori.com/shopping-004.html

## 木造駅訪土偶遺跡及鶴の舞橋

　於是就前往下一個地點──有遮光器土偶造型的車站──JR 五能線木造駅。聽說這是因為在車站北西方約 10 公里處發現「龜ヶ岡遺跡」，根據考證是 2300 ～ 3000 年前的繩文時代晚期文物，為了推廣這個文化遺跡，因此連車站都設計成土偶造型來迎接旅客，還被選為日本「東北百站」之一的特色車站。車站內除了有販售土偶相關的伴手禮外，還有印章，另外手作零錢包超可愛又便宜，因此我敗了好幾個回去台灣送人。

　接著前往津輕富士見湖公園，去欣賞日本第一長的木造三連太鼓橋「鶴の舞橋」。關於它的名稱由來眾說紛紜，有人說此橋以岩木山為背景、放眼望去就宛如一隻鶴在空中舞動身姿般；也有人說走過這條橋可延年益壽，實在有趣。

Data

JR 五能線木造駅
ADD：青森縣つがる市木造房松 10
TEL：+81-173-42-2110
WEB：http://www.aptinet.jp/Detail_display_00002676.html

鶴の舞橋
ADD：〒 038-3542 青森縣北津輕郡鶴田町迴堰大澤
TEL：+81-173-22-6211
WEB：http://www.aptinet.jp/Detail_display_00000082.html

津輕富士見湖公園
ADD：〒 038-3542 青森縣北津輕郡鶴田町迴堰大澤 81-150
TEL：+81-173-22-2111（鶴田町町公所觀光產業課）
WEB：http://www.tcn-tsuruta.com/spot/sightseeing/fujimilakepark.html

1. 津輕富士見湖公園內的鶴の舞橋。2. 以遮光器土偶造型聞名的JR 五能線木造車站。3. 車站裡販售土偶相關產品及當地婦女手作零錢包。4. 車站裡還可以蓋紀念章。

## 福士農園親摘青森大蘋果

1.

2.

3.

接著今天的重頭戲——到農園摘蘋果。11月正好是蘋果的盛產期，前來迎接我們的就是這個福士農園的主人福士先生，別看他果農的裝扮，另一個身份是當地的市議員，待人十分和善。進到蘋果園裡，還沒摘蘋果，就被地上大大的錫箔地墊所吸引，幸好在福士先生的講解下，才了解原來是透過這樣方式，讓蘋果不只上面，連下面也可以照到光，生長比較均勻，呈現圓滾滾的樣子。青森的蘋果每顆都好大顆，將近我的臉一半。

福士農園採預約制，最特別的是，有一顆中日友誼蘋果樹，樹上還掛有證書，聽說只要台灣人來這裡，在盛產季節摘這棵樹上的蘋果直接吃，都不算錢，也證明這裡的蘋果是無毒栽種，可連皮一起吃。

1.

4.

1.青森的蘋果每顆都快比我臉大。
2. 福士先生後面的就是中日友誼之樹，還有證書。3. 地上錫箔為的是將太陽光反射，讓蘋果生長均勻。4 蘋果依重量分類篩選。

Data

### 福士農園
ADD：青森縣五所川原市大字高野字広野 17
TEL：+81-173-29-2052
WEB：http://eu-ki.jp/service/category/search/101

### 五所川原みどり亭
ADD：〒 037-0641 青森縣五所川原市羽野木沢字実吉 16
TEL：+81-173-29-4566
WEB：http://www.dab.hi-ho.ne.jp/midori-houshin/

1.I みどり亭的外觀。2. 後院採道地的日本庭園設計。3, 牆上還有國父孫文的贈字。4. 以當地食材呈現精緻定食,讓人食指大動。
5. 炸的雕魚燒是必吃料理。6. 手打蕎麥麵必點。7. 到立佞武多の館看高達 3 層樓高的巨大立體睡魔燈籠。

Data

立體睡魔燈籠館(立佞武多の館)
ADD:〒 037-0063 青森縣五所川原市大町 506-10
TEL:+81-173-38-3232
WEB:http://www.tachineputa.jp/

## みどり亭吃私人料理,立體睡魔燈籠館終點站

接著到一家叫「みどり亭」的日本私人古宅吃午餐。這是五所川原市大地主阿部家族的建築,已建造超過 130 年,並被日本指定為國家登錄有形文化財,現採預約制地招待賓客。聽說國父孫文曾經提字給當時的主人,掛在牆上。

後院採道地的日本庭園設計,上二樓俯看更美,尤其現在是楓紅時節。料理也相當精美,全是採用當地農作物及漁獲製作,像我的是鯛魚定食,讓人看起來食指大動。另外他們的手打蕎麥麵及炸過的鯛魚燒更是必點料理。

回到五所川原市,當然不能錯過立體睡魔燈籠館(立佞武多の館)。相較青森市展示的多為躺下的巨大睡魔燈籠,五所川原市主要展示超過 3 層樓高的站立式睡魔燈籠,平時則擺放在這裡提供人家來觀賞,每年 8 月初,睡魔祭時便會推出來遊街。館內會擺放三座睡魔燈籠,在祭典舉辦完成會燒掉一座,再設計一座,而且每款睡魔人物都不一樣,製作也很精美,展現日本人的工藝之美。現場有體驗教室,可以利用製作睡魔燈籠剩下的紙及材料,讓遊客 DIY 燈籠及紙扇,簡單又好玩。

─── 番外篇 ───
# 青森城市小旅行

從台灣到日本東北地區旅行，一般來說，不外乎坐飛機到東京羽田國際機場入境後，再換國內班機到青森機場，或是到東京車站坐 JR 北海道新幹線，到新青森車站約 3 小時 20 分鐘左右。現在最新的方式，就是坐飛機到函館機場入境日本，再坐船到青森港，或是搭 JR 北海道新幹線，走青函海底隧道到新青森車站。但不管哪一種方式，都要花費半天以上的交通時間。因此到達青森市時，多半已是下午或晚上。因此建議不妨安排青森市半天小旅行，好好遊玩，並體驗當地的人文風情及津輕半島的風光，而著名的睡魔祭（ねぶた）和蘋果、干貝等，都是青森地區的代表物，不容錯過。

┌─ 小猴私房景點 1

## 睡魔之家 WARASSE　→

從 JR 青森車站出來，往青森港方向約步行 1 分鐘，即可以看到紅色鋼條建築的大型建築物，即為「睡魔之家 WARASSE」。這新穎的建築，可是出自兩名外國建築師史蒂芬妮・福爾賽與陶德・麥克艾倫之手。館內收藏在每年 8 月 2 日至 8 月 7 日的青森睡魔祭當中，實際參與遊行的 5 座大型睡魔燈籠，並提供睡魔燈籠的典故解說、細部近距離觀賞燈籠工藝之美。

ADD：〒 030-0803 青森縣青森市安方 1 丁目 1-1
TEL：+81-17-752-1311
WEB：http://www.tcn-aomori.com/activities-057.html

## ─ 小猴私房景點 2
# ─── 帆立小屋釣扇貝吃海鮮 →

ADD：〒 030-080 青森縣青森市安方 1 丁目 3-2
青森大樓 1 樓
TEL：+81-17-752-9454
WEB：http://www.tcn-aomori.com/food-015.
html

　　陸奧灣養殖扇貝是全日本第一，因此來到青森一定要吃扇貝。位在青森車站前的帆立小屋，主推日幣 500 元，3 分鐘內釣起扇貝都可免費吃。裡面像是台灣的釣魚場，牆上掛很多睡魔燈籠。池子裡的扇貝每顆比手掌還大，店員會給你釣竿，只要趁蚌殼打開時，用鉤子輕碰扇貝，它就會咬住，馬上釣起來，很好玩。現場可以決定要用烤的、作成生魚片或握壽司，吃扇貝配啤酒或清酒一極棒喔！

## ─ 小猴私房景點 3
# ─── 青森鄉土紀念品店 →

　　在睡魔之家館內有一區是專賣青森鄉土紀念品的商店 AIMORI，裡面除了販售青森盛產的各式蔬果製作的加工品，例如蘋果或桃子口味的餅乾、糖果、蜜餞、酒或飲料等等，以及青森各地的紀念品。尤其是跟睡魔有關的限定商品，如眼罩及睡魔面膜，不知晚上敷了，會不會嚇到人？

ADD：〒 030-0803 青森縣青森市安方 1 丁目 1-1
TEL：+81-17-752-1311
WEB：http://www.tcn-aomori.com/activities-057.
html

## ─ 小猴私房景點 4
# ─── 蘋果工廠 A-FACTORY →

　　位在 1993 公尺長的斜張橋「青森港灣大橋」下方的蘋果工廠 A-FACTORY，是一家以青森縣產蘋果製作成西打酒的釀造工廠。這種發泡果實酒會產生微細的氣泡，喝起來呈現清爽口感。製作流程可以透過玻璃屋看見。同時現場也有販售使用當地農產品製成的點心及加工品、產地直送的生鮮蔬果等，另外也設有免稅商店。

ADD：〒 038-0012 青森縣青森市柳川 1-4-2
TEL：+81-17-752-1890
WEB：http://www.tcn-aomori.com/
shopping-017.html

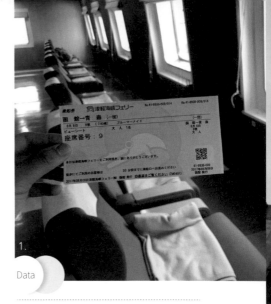

眺望津輕海峽與陸奧灣美景

# 奧津輕全線

五所
川原

青森

宮古

仙台

福島

**Data**

**津輕海峽渡輪**

ADD：〒 038-0002 青森縣青森市沖館 2 丁目 12-1（青森渡輪搭乘處）
TEL：+81-17-766-4733
WEB：https://www.tsugarukaikyo.co.jp/

1. 這是津輕海峽渡輪，內部設備很舒適。2. 充當一下船長，看海況如何。3. 到駕駛艙跟帥哥船長拍照。4. 奧陸灣景致收錄在眼底。5. 正好紫陽花開超美。

行　　程：函館港→青森港→蟹田→高野崎→竜飛岬→五所川原市
所需天數：1 天
距　　離：約 66.8 公里
等　　級：中級
建議騎乘月份：6～10 月
日本自行車諮詢資訊：http://rentacycle.info/category/tohoku/aomori/

　　之前有提到，從台灣進出青森縣，除了從東京入境外，另一個管道就是從北海道的函館機場入境，然後從函館港坐津輕渡輪，穿過津輕海峽到青森港，大約要花費 3 小時 40 分。其實每天往返班次不多，往返各 8 班，但對台灣人來說，很少坐長約 144 公尺，且內部還有

睡魔祭才是重頭戲。

手扶梯上下樓層及容納大型貨車的大型渡輪,的確是很新鮮的經驗。而且船長還讓我們參觀駕駛艙,讓小猴充當一下當船長的樂趣(當然不能掌舵啦)。

上次選在 11 月騎乘津輕半島,老實說實在太冷了,而且才騎奧津輕的一半,另一邊面向奧陸港就沒有走過。於是這次特地挑了 8 月初前來挑戰這個號

稱津輕半島最北端的長距離行程外,最重要的當然是晚上的重頭戲——五所川原市的睡魔祭。而且太幸運的是,這時正是當地的紫陽花季,一路上看著一團一團可愛的紫陽花叢,體驗津輕半島的另一種風貌。

Day01

路線資料

距離：約 91 公里
所需時間：8 小時
等級：中級
最大坡度：6.26%
總爬升：741 公尺
最低海拔高度：1 公尺
最高海拔高度：477 公尺

飯館港 🚢 →青森港 🚃 →蟹田港→平館→おだいばオートビレッジ休息站→高野崎→お食事処信光丸→竜飛今別漁業協同組合→龍飛岬→津輕海峽冬景色歌謠碑→眺望台→七ツ滝 🚃 →五所川原市

## 蟹田港出發欣賞奧陸灣風景

其實從青森港直接騎自行車到蟹田港也不過 26 公里，坡度平緩，並不難騎。只因這次我們坐渡輪而來，就耗時一個上午，因此日本領騎決定先拉車到外濱町蟹田港整裝後再出發。

蟹田港是青森縣連接下北半島與津輕半島之間最近距離的渡輪口，每年 4～7 月有很多遊客前來從事觀光及賞豚活動。這裡的地標是一棟 30 公尺高的建築，是蟹田港的遊客中心除了販售船票外，還有許多當地特產及小吃。由於到這裡已近中午，因此先補給充足後才出發。沿途便繞著奧陸灣的西側前進，往有奇岩、怪石聞名的高野崎。

1. 蟹田港遊客中心，是當地地標。
2. 路邊有漁家正在曬七彩的浮標。

Data

蟹田港遊客中心 TOP MAST

ADD：〒 030-1302 青森縣東津輕郡外濱町字蟹田中師宮本 160
TEL：+81-174-22-3020
WEB：http://www.tcn-aomori.com/activities-052.html

## 平館休息，征服高野崎

中途在平館的おだいばオートビレッジ休息站稍為停留，裡面販售許多當地海產做的加工品，像是干貝乾及海帶（昆布），而且一進門，服務員還準備茶水給我們喝，聽說這裡還可以住宿。旁邊為著名的平館燈台可以順道一遊。

休息後，便沿著國道280號往今別町前進。大約騎乘10公里左右，可以看到在高野崎停車場旁有一家紅色尖尖屋頂的「信光丸」餐廳，而餐廳後面再過去就是高野崎燈塔，以及兩座拱形的太鼓橋，座落在岩石堆中。聽說這裡的岩牡蠣及海鮮丼很有名，可惜我們時間不多，只好忍痛趕往下一個景點。

Data

**平館おだいばオートビレッジ休息站**
ADD：〒 030-1402 青森縣東津輕郡外濱町字平館田の澤 67-1
TEL：+81-174-31-2211
WEB：https://www.jalan.net/kankou/spt_02305ca3430053870/#basicInfoArea

1. 中途在平館的汽車休息站休息一下。
2. 裡面販售許多當地漁獲的加工品。
3. 休息站有免費茶水供應。4. 在這家「信光丸」餐廳旁往下走，便是著名的高野崎。5. 這是日本東北地區才有的限定咖啡。

Data

**お食事処信光丸**
ADD：〒 030-1513 青森縣東津輕郡今別町大字裏月字村下 70－1
TEL：+81-174-35-3919
WEB：http://www.marugotoaomori.jp/blog/2014/09/7476.html

## 竜飛今別漁業會所吃午餐，再訪龍飛岬

大約下午2點左右，才到今別市區內的竜飛今別漁業協同組合的附屬餐廳「なもわ〜も」享用中餐。當店員端上一碗碗墨青色的烏龍麵時，才知道這可是當地著名的海藻烏龍麵（もずくうどん），搭配當地種植的水果，像桌子上有西瓜、哈密瓜及小番茄，光我一個人就快吃完一盤哈密瓜，超好吃。

這個地方的正式名稱應該是「なもわ〜も」產地直銷販賣所，主要是銷售龍飛岬及今別地區的水產品及蔬果農作物，後面還有活魚，如比目魚、石斑、章魚。但很特別的是，它有餐廳部，可以點菜單上的料理，也可以現買，請餐廳現做，跟台灣漁港餐廳很像。

從280國道匯入339國道之後的景點，如龍飛岬觀光導覽所、龍飛漁港、龍飛岬、階段國道339號、津輕海峽冬景色歌謠碑等，之前已介紹過了，此次正好舊地重遊。

果然夏天跟秋天的景色大大不同，現在正逢有洋繡球別名的紫陽花盛開在龍飛岬岸邊，增添岬灣迷人風采。

最後在國道339號的制高點──眺望整個津輕海峽的景色後，便開始下滑到七ツ滝，結束今天行程，搭車到五所川原市，參加今晚的睡魔祭。

Data

竜飛今別漁業協同組合「なもわ〜も」

ADD：〒030-1502 青森縣東津輕郡今別町今別字今別113-3
TEL：+81- 174-35-2014
WEB：http://sanchoku55.com/aomori/sanchoku/386/

七ツ滝

ADD：〒037-0300 青森縣北津輕郡中泊町小泊
TEL：+81-173-64-2111（中泊町役場水產觀光課）
WEB：http://www.aptinet.jp/Detail_display_00000425.html

1. 吃中餐了哦！這可是當地有名的海藻烏龍麵。2. 好熟悉的龍飛岬指示招牌。3. 津輕海峽冬景色歌謠碑，我又來啦！4. 看到這瀑布，表示終點七ツ滝到啦！

## 一定要參加的
## 青森 8 月初睡魔祭

青森在每年 8 月初都會舉辦大大小小的睡魔祭,為的是要透過歡樂氣氛,趕走睡魔的侵擾,主要集中在青森市、五所川原市及弘前市這三地。雖然每地都有睡魔館的展示,但總不過癮,這次正好排在 8 月初來青森騎自行車時,特地到五所川原市,實際體驗一下跟著大家喊「YATTEMARE！YATTEMARE！」的祭典吆喝聲,看著高約 23 公尺、重約 19 噸的巨型燈籠遊行在大街上的熱鬧氣氛及震撼感。

1. 我也加入行列一起拉！2. 還有可愛的動漫版燈籠。

Data

青森睡魔祭

ADD：〒 038-0012 青森縣柳川市 1-4-1 青森港客運大樓 2F
TEL：+81- 17-723-7211
WEB：http://www.nebuta.or.jp/

## 白神山線・西海岸

### 近距離賞日本海景，探訪白神山神祕

五所川原

青森

宮古

仙台

福島

想要騎乘日本東北地區的西海岸，建議不妨可以從青森市坐一個小時的車程，到達五所川原市充分休息一天，並體驗當地的睡魔祭，或參觀完當地著名的立體睡魔館（即「立佞武多の館」）再出發。

這次安排的西海岸線，聽說是日本著名近距離欣賞日本海落日的地點，並結合白神山系的十二湖裡探訪神祕之湖「青池」，晚上住宿在著名黃金崎不老不死溫泉，一邊享受當地豐富的海產料理，如帝王蟹、海膽、鮭魚卵、黑鮪魚等等，另一方面則可以舒緩在具有鈉、鈣、鎂泉質的溫泉裡，好好治療騎車所造成的痠痛，恢復體力。

行　　程：五所川原市→富士見湖→深浦→十二湖→黃金崎不老不死溫泉

所需天數：1 天

距　　離：約 85 公里

等　　級：初級

建議騎乘月份：6 ～ 10 月

日本自行車諮詢資訊：http://rentacycle.info/category/tohoku/aomori/

1. 西海岸線一邊是山，一邊是海，景色宜人。2. 在有著滿滿的海膽、鮭魚卵、海帶芽的三色丼。3. 沿路在松葉林與蘋果大道夾雜中騎乘。4. 進入青森白神山地的十二湖被綠意包圍。

　　事實上，這條路線不怕沒有好吃的，一路上光活生生的海產就看不完，每到一個景點都可以現吃烤魷魚、烤海螺或是鮑魚、干貝，光站在旁邊聞到燒烤的味道，口水就不由自主地想流下來。

　　而且這段路線，建議騎乘自行車或自駕遊是最好的玩法，因為若是搭乘公共交通工具，從五所川原市坐五能線，班次並不多，若想要一天同時走這兩個景點，幾乎是不可能的。但自駕遊除了要申請國際駕照外，光日本的左右駕駛方向跟台灣不同，就必須適應一陣子，因此還是利用自行車慢慢騎，想停就停，想看就看最輕鬆。

　　在五所川原市飯店吃過豐盛的早餐後，九點鐘便整裝出發，沿著 37 號縣道往西騎。這段路線並不長，才 70 多公里，且只有在靠近富士見湖，沿著被喻為「津輕富士」的岩木山腳下，會有一小段爬坡，之後要靠近十二湖的地方也有小段的爬升，但總體來說，多半為平地，因此騎起來都還算輕鬆。

　　今天要來挑戰號稱日本單車界一生都要騎一次的西海岸線，但出發這天正好遇到颱風剛過，氣候並不是很穩定，只能且騎且走囉！

Day01

路線資料

距離：約 85 公里
所需時間：約 8 小時
等級：初級
最大坡度：3%
總爬升：834 公尺
最低海拔高度：4 公尺
最高海拔高度：260 公尺

五所川原飯店→富士見湖公園→鯵ヶ沢海の駅休息站→千疊敷海岸海岸→深浦円覚寺→十二湖／青池 🚌 →黄金崎不老不死温泉

## 從富士見湖沿岩木山腳前進，在鯵ヶ沢遇見海

今天會經過山區，很怕遇到下雨，沒想到真應了俗語「怕什麼遇什麼」，才騎 10 公里到富士見湖公園入口處，就遇到大雨。大夥只好在公園門口的休息區販賣部等待雨停再前進。

在日本領騎的帶領下，我們繞往岩木山山腳下前進，並切到 31 號縣道，往鯵ヶ沢前進。而路上會經過不少面積很大的蘋果園，可惜那時 的青森蘋果多半是綠色的，沒有辦法摘取。

大約騎 20 多公里，穿越一條火車軌道後，便看到海了，聞到濃濃的海水鹹味。這時便在鯵ヶ沢的海の駅休息站做今天第一次補給。這裡的國道汽車休息站都很有趣，不但有超商、餐廳外，幾乎有一半的面積在販售新鮮的海產區，有章魚腳、鮮魚等，提供來此觀光的人採買回去料理，或是也可以直接在餐廳付費料理。我們在這裡大啖哈密瓜及西瓜後，便從這裡正式開始西海岸約 40 公里的騎乘。

1. 才離開五所川原市的路上會經過不少蘋果園。2. 富士見公園門口遇到大雨。3. 西海岸線沿路有點像騎在台灣東北海岸的味道。

# 千疊敷海岸大啖現烤海鮮

接下來沿著 101 號國道一路沿著日本海岸線騎乘，享受一邊是山，一邊是海的美景，有機會的話，還可以跟津輕鐵道的五能線火車伴騎一段。大約騎了 10 多公里左右，終於到達今天的午餐處——千疊敷海岸。

面向日本海的千疊敷，為西元 1792 年地震後海底隆起的砂岩，因受到海浪經年累月的侵蝕，形成今日複雜而且獨特的景觀。而千疊敷的日文意思就是把 1 千張的榻榻米平鋪在地上，成為約 4 公頃之大且綿延約 12 公里長的岩壁，看起來就像將軍大設席宴時的感覺，因此被稱作千疊敷海岸海岸，並入選「日本名夕陽百選」之一，可惜我們去時天氣不佳，沒機會欣賞到。不過旁邊的餐廳陳列著這個海域現捕現捉的新鮮海產，有魷魚、海螺等，現點現烤，超好吃。中午我們也在這裡搭食，無論是海膽魚卵三色丼或生魚片丼，都超迷人、美味！

## PART INN 五所川原飯店

ADD：〒 037-0004 青森縣五所川原市大字唐笠柳字藤卷 66-12
TEL：+81-173-34-8910
WEB：http://www.parkinn-elm.co.jp/

## 富士見湖公園

ADD：〒 038-3542 青森縣北津輕郡鶴田町迴堰大澤 81-150
TEL：+81-0173-22-2111（鶴田町觀光產業課）
WEB：http://www.tcn-tsuruta.com/spot/sightseeing/fujimilakepark.html

## 鰺ヶ沢海の駅わんど

ADD：〒 038-2753 青森縣西津輕郡鰺ヶ沢町大字本町 246-4
TEL：+81-173-72-6661
WEB：http://t-ate.com/archives/3962.html

## 千疊敷海岸

ADD：〒 038-2504 青森縣西津輕郡深浦町北金澤榊原
TEL：+81-173-74-4412（深浦町觀光課）
WEB：http://www.tcn-aomori.com/scenery-022.html

1. 千疊敷海岸獨特的砂岩地形景觀，大群海鷗在此覓食。2. 今天午餐的餐廳。6+7. 現烤海鮮。

## 深浦円覚寺看古剎，十二湖訪神祕青池

吃完午餐休息一下，便又沿著 101 號國道總爬升啦。沿途經過名為深浦円覚寺，聽說日本平安時代建造的百年古廟，裡面參拜的是由聖德太子所賜的十一面觀音。從外觀看起來不太起眼，但走到裡面卻金碧輝煌，聽說這裡的御朱印也很有名，當然也要求一幅。

祈福後接著上坡到標高 150 公尺的十二湖，去探訪有名的神祕之湖——青池。青池，名副其實，以湖水呈現出一種特別的青藍色著名，能直接透過湖水看到沉在湖底櫸木枯枝，有種幽靜之美。由於青池位在白神山自然步道上，自行車不得進入，因此只好停在停車場，再步行進入。

訪完青池因已快黃昏，為了趕時間，只好包車上巴士，直殺到今晚的重頭戲——黃金崎不老不死溫泉飯店，吃好料，泡溫泉啦！

1. 國道旁為津輕鐵道五能線，有機會跟火車不期而遇。2. 來求一張御朱印吧。3+4. 深浦円覚寺外觀不起眼，但裡面金壁輝煌。

1. 幽靜的十二湖。2. 神祕的青池。3. 在黃金崎不老不死溫泉飯店吃當地會席料理。

Data

深浦円覚寺
ADD：〒 038-2504 青森縣西津輕郡深浦町深浦浜町 275
TEL：+81-173-74-2029
WEB：http://www.aptinet.jp/Detail_display_00000076.html

十二湖／青池
ADD：〒 038-2206 青森縣西津輕郡深浦町松神字下濱松 33-1（十二湖車站觀光導覽所）
TEL：+81-173-77-3000
WEB：http://www.tcn-aomori.com/scenery-010.html

黃金崎不老不死溫泉
ADD：〒 038-2327 青森縣深浦町艫作下清瀧 15
TEL：+81-173-74-3500
WEB：http://www.tcn-aomori.com/hotspring-004.html

1.

秋賞楓，夏賞瀑布的綠色隧道行

# 十和田・奧入瀨溪線

五所
川原

青森

宮古

仙台

福島

行　　程：奧入瀨溪流→十和田湖→
　　　　　酸ヶ湯溫泉→青森港
所需天數：2 天
距　　離：Day01 約 38 公里＋
　　　　　Day02 約 33 公里
等　　級：中級
建議騎乘月份：6 ～ 10 月
日本自行車諮詢資訊：http://
rentacycle.info/category/tohoku/
aomori/

　　這段路程可說是日本東北經典必走的路線，對台灣人來說，奧入瀨溪流最著名的應該是 10 月楓紅期，但這次我們挑選夏季炎熱的 8 月份去騎乘，並選擇從八甲田山的酸ヶ湯溫泉開始騎，再切入國道 102 號，從奧入瀨溪流館開始進入這一段日本人稱之為「奧之細道」的綠色森林隧道，到十和田湖畔的 GURILAND，乘坐獨木舟活動，為這天的行程做完美的結束。雖沒有楓葉陪伴，但沿途都是溪流、森林、瀑布的綠色路線，騎來其實很涼爽舒服。

　　不過，這樣騎法，一來距離比較長，大

奧入瀨溪沿線有三個地方可以租借自行車！

1. 傘松峠是這段路的最高點。2. 以八甲田山的酸ヶ湯溫泉為中心，開始兩天的自行車之旅。3. 騎到十和田湖划獨木舟。4. 奧入瀨溪流本身就是一條綠色隧道。

約 40 公里，二來雖然下坡較多，但沿途仍起起伏伏，畢竟奧入瀨溪是由十和田湖流下去的，所以一旦進入奧入瀨溪為緩上坡，騎來有點辛苦。因此日本遊客多半坐巴士到奧入瀨溪流館，或直接到終點站太和田湖畔，租賃電動自行車，然後來回騎乘這段路線，約 24 公里，是最為輕鬆的玩法，中間還可在石戶休息所及子之口 JR 巴士站休息，而且甲地租借，乙地歸還，十分方便。自十和田湖子之口綿延 14 公里由茂密的樹木及數十處的瀑布構成的奧入瀨溪

流，隨著季節變化展現各式風情，無論春芽嫩綠或是秋染楓紅時分都別有風味。

而第二天則從酸ヶ湯溫泉往另一邊，也就是國道 103 號，沿著蔦川下滑到青森市，中間會經過著名的城ヶ倉大橋、長生きの茶屋及岩木山展望所，最後到青森港做為結束。接下來的活動，看是要再住青森市一天，好好遊玩這個城市，隔天坐 JR 東北新幹線到東京，搭飛機回台灣；或是坐船到北海道函館看夜景，隔天再坐飛機回台灣。

路線資料

距離：約 38 公里

所需時間：5 小時（不含泛舟）

等級：中級

最大坡度：8%

總爬升：499 公尺

最低海拔高度：199 公尺

最高海拔高度：1040 公尺

酸ヶ湯溫泉→傘松峠→奧入瀨森之飯店→奧入瀨溪流→雲井瀑布→銚子大瀑布→十和田湖畔 GURILAND 🏃→酸ヶ湯溫泉 🚌

## 挑戰最高點傘松峠，到奧入瀨森之飯店吃午餐

從青森車站坐 JR 巴士到八甲田山的酸ヶ湯溫泉大約是 80 分鐘車程，今天要住在酸ヶ湯溫泉，飯店專車從青森車站載我們上山。但到達酸ヶ湯溫泉時，大約快 10 點半。大家趕快整理好裝備，便往奧入瀨溪出發。

不過，從酸ヶ湯標高 925 公尺，到國道 103 號線最高點 1040 公尺的傘松峠，一路上坡，騎到時又遇到下雨。日本領騎為提振士氣，跟我們說接下來就是一路下坡，到高級餐廳吃飯休息。

一聽說有好料，所有人就跟著往下衝了。大約騎了 17 公里，進入當地人稱之為「十和田溫泉鄉」地區，這時雨愈下愈大，只好轉進到奧入瀨森之飯店，吃中餐，順道避雨。從飯店的餐廳望出去，像是隱身在森林裡的小木屋，十分優靜，餐盒送上來時，一打開黑漆餐盒，便哇聲連連，看起來都好精緻又美味的奧入瀨當地料理。

1+2. 到奧入瀨森之飯店避雨吃中餐。

Data

酸ヶ湯溫泉旅館

ADD：〒 030-0111 青森縣青森市大字荒川字南荒川山山国有林小字酸湯沢 50

TEL：+81-17-738-6400

WEB：http://www.sukayu.jp/Tops/index

Data

奧入瀨森之飯店

ADD：〒 034-0303 青森縣十和田市大字法量字焼山 36-20

TEL：+81-176-70-5000

WEB：http://www.morino-hotel.com/

## 探訪雲井瀑布及銚子大瀑布，十和田湖上泛舟

在這裡待到快下午 2 點，雨才有停歇，於是離開飯店，至奧入瀨溪流館轉進國道 102 號，開始進入著名的奧入瀨溪流，往十和田湖騎乘。沿路由各式各樣的岩石、樹林以及瀑布和溪流構成，眼前就是綠意一片，形成自然的冷氣房，夏天騎起來十分涼爽。過了石戶休息站後，便一路欣賞斷崖分成三段的雲井瀑布、溪流最大的銚子大瀑布等壯麗的自然景觀。一直到子之口，就可以窺見恬靜的十和田湖，做最後衝刺階段，到達今天要坐獨木舟的 GURILAND。

1. 雲井瀑布。
2. 再騎 4 公里便看到氣勢磅礴的銚子大瀑布。
3. 到十和田湖一定要來泛舟呀！
4. 晚上坐巴士回到酸ヶ湯溫泉吃豐富的晚餐料理兼泡湯。

Data

奧入瀨溪流館
ADD：〒 034-0301 青森縣十和田市奧瀨字栃久保 183
TEL：+81-176-74-1233
WEB：http://www.oirase.or.jp/keiryu/keiryu.htm

十和田湖國立公園協會
ADD：〒 034-0301 青森縣十和田市奧瀨十和田湖畔休屋 486
TEL：+81 176-75-2425
WEB：http://towadako.or.jp/

GURILAND
ADD：〒 034-0301 青森縣十和田市大字奧瀨字十和田湖畔宇樽部 123-1
TEL：+81-176-75-2755
WEB：http://guriland.jp/bo-to2.htm

Day02

路線資料
距離：71 公里
所需時間：約 6 小時
等級：中級
最大坡度：7%
總爬升：115 公尺
最低海拔高度：3 公尺
最高海拔高度：899 公尺

酸ヶ湯温泉→城ヶ倉大橋→長生きの茶屋→岩木山展望所→青森港 → 北海道函館

## 酸ヶ湯温泉旅館體驗
## 男女混浴

有 300 年歷史的酸ヶ湯温泉旅館，是八甲田地區最古老的木造 2 層樓溫泉旅館，房間就是很日本風味的傳統和室。但它最著名的是能男女混湯，尤其是全檜木製混湯大澡堂聽說可以容納千人一起泡，而有「千人浴池」之稱。不過，現在也有開闢女性專屬的泡湯時間及女性專用溫泉區，讓小猴比較安心使用。這裡的泉質屬酸性硫磺溫泉，能治療神經疼痛、腸胃及婦女病、哮喘等，感覺有點神奇。不過，聽溫泉的人介紹，酸ヶ湯溫泉還沒被開發時，附近的鹿會來泡，以治療身體，因此也有「鹿湯」的別號，這讓我想起跟宮崎駿電影《魔法公主》裡山神獸故事有類似。

在吃好、睡好、泡好，充分休息後，第二天一大早用過早餐後，便告別溫泉招待人員，沿著國道 103 號線往青森市下滑。

1. 告別酸ヶ湯溫泉，往青森市前進囉！ 2. 城ヶ倉大橋可是日本第一長的出發式拱橋，也是賞楓熱點。

Data

**城ヶ倉大橋**
ADD：〒 030-0111 青森縣青森市大字荒川字南荒川山
TEL：+81-17-728-0200
WEB：http://www.aptinet.jp/Detail_display_00000130.html

## 城ヶ倉大橋賞美景，岩木山展望所眺望津輕富士

騎約 4 公里處，便看到一條很長的城ヶ倉大橋，跨距 255 公尺，是日本第一長的出發式拱橋。此處可俯瞰城倉溪流的美景，聽說在賞楓時期，可 360 度欣賞楓葉之美，而成為熱門景點。

當我們下滑到萱野高原時，看到路邊的長生きの茶屋休息站門口有提供免費的茶，讓大家飲用，一問之下才知道，原來這裡有個傳言：「喝一杯讓你增壽三年，喝兩杯讓你增壽六年，喝三杯讓你長命百歲。」難怪每個人都要停下來喝三杯。

大約再往下騎不到 3 公里，即在路邊看到一個木碑寫著「岩木山展望所」，在這裡可以終於看到有津輕富士之稱的岩木山頭，一洗之前在津輕平原因陰天而看不見岩木山的心情。再下滑不到 15 公里，便進入青森市區了，最後在青森港結束今天的行程，連中午還沒到呢～～

從酸ヶ湯溫泉出來後一路下滑，騎得好爽！

1. 到了萱野高原的長生きの茶屋，別忘了在門口喝三杯茶。2. 在岩木山展望所，天氣好正好可眺望岩木山頭。3. 今日騎乘的終點站──青森港到了！

Data

青森市文化觀光交流設施（青森港灣區）
ADD：〒 030-0803 青森縣青森市安方 1 丁目 1-1
TEL：+81-17-752-1311
WEB：http://www.tcn-aomori.com/scenery-026.html

岩木山展望所
ADD：青森縣青森市雲谷山吹
TEL：+81- 17-723-4670

長生きの茶屋
ADD：青森縣青森市橫內八重菊 62
TEL：+81-17-728-0356
WEB：http://www.aptinet.jp/Detail_display_00000125.html

# 下北半島線

探訪千年奇岩及海鮮美食之旅

1.

2.

五所川原

青森

宮古

仙台

福島

行　　程：青森蟹田港→脇野沢港→
　　　　　大間岬→函館港

所需天數：1 天

距　　離：約 71 公里

等　　級：高級

建議騎乘月份：6 ～ 10 月

日本自行車諮詢資訊：http://
rentacycle.info/category/tohoku/
aomori/

　　位於本州最北的青森縣，以津輕半島與下北半島形成一個天然的屏障，守護著青森港的風平浪靜，同時也蘊藏豐富的海洋資源，形成天然的海上食庫，除了著名的大間黑鮪魚、風間浦鮟鱇魚、魷魚、干貝、扇貝、海參，甚至旅行的時機對，還可以品嚐產地才有的現剝海膽。一直有耳聞日本東北的下北半島以現釣現煮的海鮮美食聞名，是為了這一碗海膽，小猴我被騙去騎下北半島的脇野沢港到大間岬段。

　　怎麼說是「騙」呢？原本這段省掉了坐渡輪的距離，只有 70 公里的陸地騎乘，對

1+3. 一路上都是巨大的奇岩怪石。2. 一聽到要去吃整碗的海膽，每個人都露出笑容。4. 這是從青森縣蟹田港坐去下半北島的陸奧渡輪。5. 這是要坐去北海道函館的津輪渡輪。

我每週都有練習騎自行車的健腳，應該很好克服。但實際走了一趟才發現，完全不是想像中的那樣。雖然最高海拔才500公尺，但路上起伏很多，坡上還有坡，騎得快累死了。原本以為佛浦展望台已是最高點了，結果最難騎的竟然是後面這段到佐井村，回來一查，才發現光這段累積上升高度超過1000公尺，健腳才能完成這段騎程呀！

不過，一路上眼見許多奇特岩石的地理美景，也是十分值得了！難怪下北半島有著日本祕境之稱，光在佛浦展望台遠遠看到由海底火山噴發所形成的綠色凝灰岩的懸崖，經過日積月累風雪及海浪的侵刷，形成了蔓延2公里的奇特岩石塊。或騎乘在國道338號上在大塊岩石的夾縫中前進，的確別有一種心境。但都抵不過，看到那一大碗的海膽丼、海鮮丼及滿滿的海膽鹹鮭魚子的いくら丼，騎得再幸苦也值得了！

海膽鹹鮭魚子的いくら丼

087

東北地區　路線9：下北半島線

**Day01**

### 路線資料
距離：約 71 公里
所需時間：4 小時
等級：高級
最大坡度：5%
總爬升：1922 公尺
最低海拔高度：1 公尺
最高海拔高度：538 公尺

青森蟹田港 🚢 →脇野沢港→佛浦展望台→ぬいどう食堂→がんかけ公園（願掛岩）→佐井村→赤木海岸→津輕海峽渡輪大間渡輪站 🚢 →函館港

## 彎曲海岸線中看巨大奇石，在ぬいどう食堂生吃海膽

從青森市到下北半島，坐車都要 3～4 個小時，最快的方式還是坐渡輪，從青森縣外濱町的蟹田港坐到下北半島的脇野沢港只要一小時，不過要掌握渡輪時間，一天也只有三個航班。當我們到脇野沢港已近中午時間。

在港邊先補給一點東西，再整理一下裝備，便朝向佛浦展望台出發。一開始緩坡爬升 500 公尺，其實是很費體力的，在展望台上看完被日本政府認定為國家名勝及天然紀念物的怪石斷崖海岸奇景後，便迫不及待衝向當地人推薦的ぬいどう食堂要來吃生海膽大餐。這裡的食材都是採買當天漁獲所製作的，因此無論是生海膽丼、いくら丼、黑鮪魚及鮭魚生魚片搭配鮭魚子、海膽的海鮮丼，吃進口中有著濃濃的海味鮮甜，真

的太美味了！對了～這裡的海膽只限定每年 5～8 月才有，所以挑 8 月來真的很幸運！

Data

### 佛浦展望台＋がんかけ公園
ADD：〒 039-4711 青森縣下北郡佐井村大佐井 112（津輕海峽文化館）
TEL：+81-175-38-4513
WEB：http://www.tcn-aomori.com/scenery-016.html

### ぬいどう食堂
ADD：青森縣下北郡佐井村大字長後字福浦川目 83-1
TEL：+81-175-38-5865
WEB：http://saikanko.sakura.ne.jp/gourmet/nuido.html

1. 當地人推薦一定要到下北半島的ぬいどう食堂吃生海膽大餐。
2. 海鮮丼必點必吃！

1. 我背後就是がんかけ公園著名的願掛岩景觀。
2.「本州最北端的町大間町」柱子立牌。3. 下北半島還盛產扇貝喔!

Data

陸奧灣渡輪
ADD:〒 030-1302 青森縣東津輕郡外濱町字蟹田中師宮本 160 TOPMAST 內
TEL:+81-174-22-3020
WEB:https://www.pref.aomori.lg.jp/kotsu/traffic/mutsuwanferry_kaishi_2015.html

## 津輕海峽渡輪大間站,跟黑鮪魚比大小

吃完午餐已下午 2 點多鐘了,因此接下來的行程便很趕。先到がんかけ公園,看願掛岩的奇特地形,及海灣景色。光這一段,似乎騎乘在永無盡頭的山路與延伸於半島邊緣的彎曲海岸線,讓人感覺來到與文明隔絕的世界。

途經佐井村及赤木海岸,當看到路邊矗立的「本州最北端的町大間町」柱子立牌,就到達今天的目的地——津輕海峽渡輪大間站。聽說只要 90 分鐘,就能載我們回到函館。但一進津輕海峽渡輪大間站,馬上就被一隻 1:1 實景的鮪魚雕像吸引。之後才知道,原來大間町,以出產鮪魚中最高級的「大間鮪魚」而出名。尤其是冬天採用傳統的

「一本釣」技法,能保持重達 200 〜 300 公斤的天然黑鮪魚的品質和鮮度,難怪有「黑寶石」之稱。

Data

津輕海峽渡輪大間站廳
ADD:〒 039-4601 青森縣下北郡大間町大間根田內 10
TEL:+81-175-37-3111
WEB:http://www.tsugarukaikyo.co.jp/global/chinese/

長野 小谷村線

挑戰栂池自然園8度陡坡

1.

2.

3.

金沢

白馬
長野

名古屋

伊豆

行　　　程：白馬村→栂池高原→栂池
　　　　　　自然園→白馬村
所需天數：1 天
距　　　離：約 50 公里
等　　　級：高級
建議騎乘月份：6 ～ 10 月
日本自行車諮詢資訊：http://japan-guide.jp/cycle/index2_hant.html

　　對於位在日本中部的長野縣印象，一般人多半停留在冬季滑雪。事實上，長野可是日本古代的信州，古蹟及歷史文物十分豐富，再加上長野縣內有許多海拔高於兩千公尺的高山，如北阿爾卑斯山群峰，也有「日本的屋脊」之稱，是日本著名的滑雪、登山、騎車的聖地，當然境內也擁有許多溫泉，聽說運氣好還可以遇到泡溫泉的雪猴等。

　　由於長野地勢變化大，各式各樣農產品都有產出，其中以蕎麥麵最為著名。每到 8 月下旬，整片白色的蕎麥花開，更映襯出美麗的自然景觀。難怪日本人很喜歡來此度假，因為先撇開冬天滑雪不說，光在北阿爾

1. 選擇 7 月份騎乘，正好是當地紫陽花開最盛時。2. 在騎去栂池高原路上十分平緩，騎來舒服。3+4. 前往栂池自然園的路上，騎在纜車下感覺十分新奇。5. 從白馬村的流星花園門口出發。6. 過了栂池高原開始陡上坡。7. 挑戰栂池自然園登山道，路上都有告示牌。

卑斯山麓下騎自行車，春天賞櫻、夏天享受群山及蕎麥花包圍、秋天有楓葉，真的是一件舒服又賞心悅目的事情。

事實上，自從 1998 年為了迎合冬季長野奧運的舉辦，從東京到長野的交通規劃變得十分便利，無論是坐北陸新幹線或是特急巴士，都只要 1 小時 25 分鐘就可以達到長野市車站，之後再搭乘前往白馬村或是小谷村的特急巴士，約 1 個半小時即可抵達。

所以接下來，愛玩的小猴就帶著大家挑戰北阿爾卑斯山麓的二條陡坡路線，最後再以輕鬆的仁科二湖──青木湖及中綱湖環湖行，體驗長野的高山、平原騎乘魅力吧！

首先第一站安排是極具挑戰度的栂池自然園之旅，光 17 公里距離，總爬升 1200 公尺，平均陡坡 7%，其中一段最大陡坡為 8%，整條路線都是連續上坡，穩定配速才不會太快消耗體力，而在移動的纜車下騎車真的很特別！全程大約騎一個上午就結束，等到騎到最上面，再參觀特殊的高原濕地，是一條很值得挑戰的路線。

Day01

## 路線資料

距離：約 50 公里
所需時間：約 3 小時
等級：高級
最大坡度：8%
總爬升：1200 公尺
最低海拔高度：699 公尺
最高海拔高度：1847 公尺

白馬村流星花園→白馬滑雪跳台競技場→白馬大橋→霧降宮切久保諏訪神社→小谷村栂池高原駅→白樺駅→栂大門駅→栂池自然園 🚶→自然園駅 🚡 → 栂池高原駅→白馬塞拉度假飯店→白馬村流星花園

## 白馬滑雪跳台競技場及白馬大橋望三岳

在當地挑戰位在小谷村的栂池自然園登山道，是從白馬大駅車站開始出發，由於我們前一天住在白馬村市鎮裡，兩者之間不遠，因此結合白馬村觀光局規劃的自行車道白馬小徑，往八方騎乘，到栂池高原後，再挑戰栂池自然園登山道。

先說在白馬村及小谷村騎車有一個好處，就是紅綠燈很少，而且自行車道的路線都在樹林中，因此前半段很輕鬆、舒服。在穿過白馬市鎮沒多久，就看到著名的白馬滑雪跳台競技場，這可是 1998 年長野冬季奧運會主辦跳台滑雪（Ski Jumping）的比賽場地，長

的一條 385 公尺，短的則是 318 公尺，最大斜度為 37.5 度，可選擇任一邊比賽，分別有 70 公尺和 90 公尺的助跑長度，擁有堪稱世界級水準的 Down Hill 滑降道。所以站在滑雪道下面可以完全感受它的巨大。選手可以利用登山電梯直達滑雪起點，然後從上一躍而下，體驗極速快感。同時在上面還可以鳥瞰整個白馬市鎮，展望很好。緊接著經過白馬大橋，在這裡可以遠眺白馬三山——白馬岳（2932 公尺）、杓子岳（2812 公尺）及白馬鑓岳（2903 公尺）的最佳地點之一，所以大家在這裡搞笑拍一張。問我們在橋上停車拍照，不怕車撞嗎？日本騎自行車最棒的地方，就是良善的人車分離規畫，還有專屬的自行車道，所以「大丈夫（日語：沒關係）」。

### Data

**白馬滑雪跳台競技場**
ADD：長野縣北安曇郡白馬村大字神城
TEL：+81-261-72-2715（八方尾根滑雪場）
WEB：http://www.happo-one.jp/

白馬滑雪跳台競技場可是 1998 年長野冬季奧運會的比賽場地之一。

1. 在白馬村可以沿著這個標示規畫的路線輕鬆騎。2. 大家搞笑在白馬大橋上拍照。3. 白馬大橋上可以清楚看見白馬岳、杓子岳、鑓岳山頭。

Data

白馬大橋
ADD：長野縣北安曇郡白馬村北城 9305
WEB：https://www.vill.hakuba.nagano.jp/livecam/livecamera.php?id=1

Data

栂池高原駅
ADD：長野縣北安曇郡小谷村栂池高原
TEL：+81-261-83-2515（栂池高原觀光協會）
WEB：http://www.tsugaike.gr.jp/store/inn/1050.html

## 諏訪神社探國寶古蹟

再騎沒多久，就到了白馬村指定文化財的霧降宮切久保諏訪神社，據說至今有 300 年的歷史，另與當地的霜降宮、雨降宮為共同守護白馬村及小谷村的重要信仰中心，並在每年 9 月敬老節會舉行「七道祭」（尾花祭），聽說會在道路上放滿七種木製面具，以求平安及豐收，但現在只保留神面、猴面及獅面三種。

拜訪完神社就趕往下一個景點——栂池高原，一路上大朵大朵的紫陽花開得超燦爛地陪我們前進著，沒多久就到了目的地，而這裡不但是栂池纜車的起站，也意謂著爬坡的開始。

Data

霧降宮切久保諏訪神社
ADD：長野縣北安曇郡白馬村北城切久保大林 12327
WEB：https://www.omiyasan.com/center/hakuba/post-189.php

## 挑戰 17 公里的登山爬坡道

聽說這也是日本車友一生一定要來騎一次的登山車道，也會不定時舉辦職業隊賽車的正統登山路線，因此一路上，大約每騎 2 公里就會看到標示。但實際騎乘後才發現，這 17 公里的登山道（其實是 13 公里，不算白馬大池駅的距離），騎起來很硬，有不少髮夾彎道挑戰大家的體力。剛開始起步時，小

猴騎到第一個休息點，還可以把纜車當背景搞笑拍照，但之後幾乎全程爬坡，當然臉色也不會太好看啦！不過在行徑中看著頭上的纜車一部一部經過，感覺很新奇。在一路數著里程告示牌，當看到「FINISH」字眼出現時，只想大叫歡呼！小猴大約花費 1 個半小時也「K」完這段路程，到達栂池自然園，真的好有成就感。所以看到栂池自然園的告示牌時，每個人搶著拍照留念。

看到沒，最高陡度8%。

1. 拍完這張團體照後，就是辛苦的爬坡路了！
2. 在第一個休息點，還有力氣跟背後的纜車搞笑拍照。

3. 看到 FINISH 及背後的自然園駅，表示快騎完了！ 4. 看到栂池山莊，表示栂池自然園入口到了。 5. 隨栂池自然園的木棧道參觀，遠方山頭還有殘雪。

3.

4.

## 探訪 1900 公尺的栂池自然園

即然到了栂池自然園，當然要進入園區逛一逛，才不費我們騎上來的辛苦。自行車騎到自然園駅後，就不能再往前騎了，因此停放在專屬的自行車架上，便可以在附近逛逛。而從纜車的自然園駅到栂池自然園還要走約 10 分鐘，會看到可以提供遊客住宿的栂池山莊，旁邊也有土產店與飲食店，便表示園區入口到了，大人花 300 日圓即可進入。

標高約 1900 公尺的栂池自然園是日本屈指可數的高山沼澤，能觀察到各種各樣的動植物。特別是晴天展望好時，能望見白馬岳、杓子岳、鑓岳，體驗被白馬三山圍繞的感覺。聽說有殘雪的山頭更漂亮，可惜我們去時雪已融化，再加上我實在分不出哪座是哪座山，沒有辦法為大家解說。資料顯示，從栂池自然園入口到展望濕原繞一圈 5.5 公里，需要 3.5 ～ 4 小時，可以依據個人的體力與時間選擇是否走完全程，因此我們選擇最小圈的みずばしょう濕原，看到了水芭蕉及羊胡子草等當地特殊植披便回程了。

阿木，我們辦到了！！

Data

### 栂池自然園
ADD：長野縣北安曇郡小谷村千國乙 12883-1
TEL：+81- 261-82-3053
WEB：http://sizenen.otarimura.com/index.html

5.

## 坐纜車下山，
## 到飯店吃好料兼泡足湯

離開栂池自然園時，我們把車子放入保姆車，一群人坐纜車下來，發現中間還要換纜車，真有趣。先在自然園駅坐71人的大型纜車到栂大門駅，再走3分鐘抵達栂の森駅，坐6人座纜車，一路經白樺駅，下到栂池高原駅。

然後再騎車，到今天午餐地方──白馬塞拉度假飯店（Sierra Resort Hotel），吃由當地食材製作的「田舍料理」，也就是天婦羅野菜料理，搭配當地鄉村濃湯，吃得好飽。不過吸引我的卻是飯店門口的足湯，聽說水源是來自當地著名的水芭蕉溫泉。原來這飯店，移建170年前當地古代民居的白馬水芭蕉溫泉，是採100%源泉自然呈現，除了門口免費提供旅客的足湯外，飯店也有露天浴池，冬天泡在雪地裡，春夏秋更是泡在自然林園裡，搭配北阿爾卑斯山脈的英姿，是一種享受呀！

1. 到自然園駅坐這種71人的大型纜車到栂大門駅。2. 我們坐纜車下山，這可是6人座纜車。3. 中午在白馬塞拉度假飯店吃當地的天婦羅野菜料理。4. 在白馬村騎自行車最棒的是，每個景點都有車架可放置，不怕車子摩擦受傷。5. 飯店門口可以免費泡當地有名的水芭蕉溫泉足湯。6. 原來栂池高原還有小谷村兩條自行車線，下次再來挑戰。

Data

**白馬塞拉度假飯店**
ADD：長野縣北安曇郡白馬村水芭蕉溫泉根場2710
TEL：+81-261-72-3250
WEB：http://sierrahakuba.jp/

# 白馬村散策小旅行

來白馬村半日或一日輕鬆騎輛小旅行。

　　吃完飯，泡完足湯後，再回白馬村。這時天還沒黑呢～所以不妨來做半天小旅行。位在內陸的長野縣近年來很積極推動各縣內的自行車之旅，更串聯附近縣郡，以北阿爾卑斯山為主軸，推出「北阿爾卑斯山及日本海的自行車巡遊之旅」，開發長野縣內小谷村、白馬村及大町村的自行車步道。另外，白馬村觀光局自己也規畫 5 條 10 公里不到的「白馬小徑」，沿途每個景點門口都有設置自行車架，讓人放心停車，當地也有提供自行車租借，讓觀光客可以全家大小一起輕鬆探訪這座城鎮及美景。因此建議不妨在白馬村多停留一天，輕鬆遊玩附近景點，再來挑戰長距離的自行車行程。

## 小猴私房景點 1
## Café&Hotel 流星花園

　　這次居住的民宿「Café&Hotel 流星花園」，老闆傅正功是台灣人，原本在日本留學、工作，後來被公司派駐長野而喜歡上這裡，不但開民宿，還自己考滑雪證照及自行車領騎等，想把長野白馬村的美好介紹國外遊客。重點是這裡餐點好吃，住得舒服，而且老闆懂自行車，出發前還可幫忙檢查！

ADD：長野縣北安曇郡白馬村北城 828 － 334
TEL：+81-261-85-2183
WEB：http://www.hakubameteorgarden.com/

## 小猴私房景點 2
## Cherry Pub

　　另一家小猴推薦的是 Cherry Pub，整個屋子從內而外走歐風系，室內還有個燒柴的暖爐。這裡除了可以喝酒之外，也有提供晚餐。最推薦他們的 BBQ 牛小排及薄餅窯燒比薩，超好吃，而且價位不會太貴！

ADD：長野縣北安曇郡白馬村北城 2937-736
TEL：+81-261-72-2343
WEB：http://www.cherrypub-hakuba.jp/

1.

2.

# 長野 白馬村線

## 探訪雲上白馬的神祕八方池

金沢
白馬
長野
名古屋
伊豆

行　　程：白馬村→黑菱林道→黑菱
　　　　　第三リフト→八方池
所需天數：1 天
距　　離：約 24 公里
等　　級：高級
建議騎乘月份：6 ～ 10 月
日本自行車諮詢資訊：http://
hakuba-cycling.net/

　　在夏天來到白馬村，若沒有去被 CNN 評選為「日本最美景 31 選」之一的八方池一窺究竟，那麼真的算白來一趟了。

　　位在海拔 2060 公尺的八方池，是一個相當神祕的水池，天氣好時，水面如同一面巨大的鏡子，倒映著一旁的白馬連峰，尤其初夏時，水面反射出白馬連峰的殘雪餘存銀白世界，十分美麗。聽說這也是秋天賞楓的絕佳聖地，而且無論從哪個角度，視野很好，展望極佳，有種天人合一的感覺。

　　而其所在地八方尾根自然研究路，更是日本著名的登山路線，串聯唐松岳與北阿爾卑斯白馬群峰相連，在此可以連看日本百岳中的 11 峰，天氣好時還可以眺望富士山頭，只可惜我去時，對流雲起太快，雲霧很重，

1. 一路騎黑菱林道探訪八方池及八方尾根自然研究路。2. 八方池倒映著一旁的白馬連峰，美如仙境！3. 路上不時有滑雪纜車從頭上經過，很特別的經驗。4. 沿指標穿越白馬市區時，紫陽花迎接我們。5+6. 路上展望很好，還有飛行傘陪伴。

並沒有看到。

通常探訪八方池，一般人都坐纜車到八方池山莊再徒步進入。纜車從兩個地方匯集，一條是比較靠近白馬車站及市區的八方駅，在這裡坐 6 人包箱的纜車到うさぎ平台，再換滑雪專用的 4 人開放式滑雪纜車，到黑菱平台後再換一次滑雪纜車坐到八方池山莊。

而我們這次卻是改用騎自行車的方式，從和田野之森開始進入黑菱林道，經過北尾根高原，再騎到終點站──黑菱ラインの黑菱第 3 ペアリフト，然後坐二段的滑雪纜車到八方池山莊，探訪八方尾根自然研究路及八方池。

從白馬村的流星花園到黑菱第 3 ペ

アリフト，全長才 12 公里，總爬升約 800 公尺，沿路也很多髮夾彎考驗著大家的體力，而且強度並不比上一條栂池自然園低。不過這條一路展望很好，天氣晴朗時，映襯著藍天、白雲及綠色草地、高原。由於附近還有著名的跳傘聖地──北尾根高原，再加上轉彎時，不時與白馬山麓群的殘雪山頭相遇，騎起來算是邊罵又邊讚嘆不已的一條自行車「自虐」路線。由於這條路並沒有被規劃在白馬村的自行車道上，算是當地人的私房自行車景點，小猴就公布在這裡，歡迎有興趣的人來挑戰哦～～

## 路線資料

距離：約 24 公里
所需時間：約 3 小時
等級：高級
最大坡度：12%
總爬升：766 公尺
最低海拔高度：725 公尺
最高海拔高度：1511 公尺

白馬村流星花園→和田野之森公園→黑菱林道→黑菱第 3 ペアリフト🚡→ 黑菱平台 Grat Quad Lift 🚡→八方池山莊 🚶→石神井ケルン 🚶→八方池

### 和田野之森開始黑菱林道

　　一大早從流星花園出發，沿著白馬小徑進入白馬村，然後沿著往黑菱林道的指示標示前進，前往和田野的方向。大約騎不了多久便到了和田野之森，從這裡開始便進入黑菱林道，開始爬坡了！

　　而提到和田野之森，聽說這裡是被規畫成度假勝地，因此在大片茂密的樹林裡，所有的飯店、餐廳、咖啡館及畫廊等等，都建造成仿英式鄉村風格的建築，形成特色，其中和田野之森教會，據說是日本女生最喜愛的夢幻結婚教堂之一。

　　這裡爬坡比起之前的栂池自然園還要陡，頭上的纜車改以 4 人開放式滑雪纜車為主，怕人掉下來，所以在路上會用網子做確保，形成有趣的景觀。大約

　　騎不到半個小時，過了北尾根高原的路口後，視野漸漸展開，形成一邊是草原坡地，一邊是山坡，沿途的風光不輸歐洲瑞士，還會與可愛的乳牛群擦肩而過喔！遠遠望去山頭還有覆蓋殘雪的白馬連峰陪伴，視野及感覺都不錯。

1. 從飯店出發後，沿著白馬小徑的指示，陸續往田和野方向前進。2+3. 今天騎車的終點站──黑菱第 3 ペアリフト。然後坐纜車上山到八方池山莊。

Data

八方尾根自然研究路＋八方池
ADD：〒 399-9301 長野県北安曇郡白馬村八方
TEL：+81 261-22-8854( 鹿島槍樂園 )
WEB：http://www.nsd-hakuba.jp/green/happo/
kenkyu.html

和田野之森教會
ADD：〒 399-9301 長野縣北安曇郡白馬村和田野
TEL：+81-261-72-5048
WEB：http://www.wadanonomori-ch.com/guide.html

黑菱ライン＋黑菱第 3 ペアリフト
ADD：〒 399-9301 長野縣北安曇郡白馬村北城 4482
TEL：+81-261-72-2715( 八方尾根索道事業者協議會 )
WEB：http://www.wadanonomori-ch.com/guide.html

1. 路上有殘雪的白馬連峰山頭美景陪伴。2+3. 八方尾根自然研究路及鎌池濕原。4. 由石頭堆砌，標高 2080 公尺的八方ケルン是地標，可 360 度環視北阿爾卑斯山景及俯瞰白馬村。5. 犒賞自己來一罐北阿爾斯卑山的啤酒吧！6. 纜車最後一站就到了八方池山莊，從這裡開始往上步行到八方池。

## 探訪八方尾根自然研究路

大約騎了 1 個小時，便到了今天的終點站——標高 1500 公尺的黑菱ライン之黑菱第 3 ペアリフト，真的覺得太佩服自己了，連兩天挑戰登山坡道，在這裡把車子拆卸上保母車後，便要從這裡坐二段纜車到八方池山莊。

這裡是採開放式的滑雪纜車，主要是在冬天載客滑雪，當雪融化後，便成為載登山客的工具。第一段的黑菱第 3 ペアリフト只能載 2 人，到標高 1680 公尺的黑菱平，必須走約 100 公尺到下個纜車乘車處，再往上坐 4 人座的滑雪纜車到八方池山莊，途中可以看到鎌池濕原，若運氣好，天候佳還可以看到白馬三山的殘雪。到了標高 1830 公尺的八方池山莊後，便算正式進入八方尾根自然研究路，而從這裡走到標高 2060 公尺的八方池雖約 3 公里，但爬升 1500 公尺，因此光大人的腳程也要 1 個半小時才能到達，又分為石頭路及木棧道，其中石頭路雖陡，但可以清楚看山景，但我實在騎到腿軟了，所以大家選木棧道慢慢上山，不過在山上，即使是夏天，20 度的氣溫會冷，建議最好帶件防風小外套保暖。

# 長野大町市線

## 大町市線

湖光山色相伴的青木湖及中綱湖

1.
2.
3.

行　　　程：白馬村→青木湖→中綱湖
　　　　　　→鹿島槍運動中心→白馬村

所需天數：1 天

距　　　離：約 32 公里

等　　　級：中級

建議騎乘月份：6 ～ 10 月

日本自行車諮詢資訊：http://www.
kanko-omachi.gr.jp/tw/outdoor/
camp_cycling

　　白馬山麓路線有眾多可以眺望北阿爾卑斯的景點，唯有透過自行車，才能將這裡景點一個個玩得盡興，並沿路欣賞壯麗的風景，又可以享受騎乘的樂趣。挑戰過二條登山自行車道後，這一條往南騎至青木湖及中綱湖的環湖路線，便成為沒有什麼難度的輕鬆行，來回才 30 多公里的路程，上下沒什麼起伏，只有在折返點的鹿島槍運動中心（鹿島槍スポーツヴィレッジ）有爬坡。

　　提到青木湖及中綱湖，是長野大町市著名的景點──仁科三湖中的二個天然湖泊。所謂仁科三湖，由北而南分別為湖水清澈

1. 路上會跟 JR 大系線火車交會。2. 走在鄉間小路上，隨處眼見的是長野信州傳統房舍。3. 騎在綠油油的稻田裡，好暢快。4. 背後即是以釣魚聖地之稱的中綱湖。5. 這為「北アルプス山麓グランフォンド2017」活動加油。

透明的青木湖、釣魚聖地的中綱湖、擁有溫泉的木崎湖，三湖連成一線，又被北阿爾卑斯山麓包圍而成名，更吸引不少人來此從事水上活動，或是露營。而自行車活動，則是在 2004 年大町市曾舉辦大規模的循環公路賽，因此規畫進去，讓人可以一邊眺望著北阿爾卑斯山脈邊，一邊騎著自行車輕鬆環繞仁科三湖。為此，大町市更準備 6 處自行車租借，也可在白馬村或小谷村租借到車子，騎乘過來也不過 10 公里左右。

仁科三湖附近也有提供自行車租賃！

Day01

路線資料
距離：約 32 公里
所需時間：約 6 小時
等級：中級
最大坡度：8%
總爬升：597 公尺
最低海拔高度：723 公尺
最高海拔高度：1144 公尺

白馬村流星花園→ゼーブリック拉麵店→青木湖→中綱湖→鹿島槍スポーツヴィレッジ→
中綱湖→青木湖→白馬村

## 騎乘在綠色稻米田

今天輕鬆騎，光出門時間也比較晚，讓大家睡飽吃飽才開始騎乘。因為來回才 32 公里，怕騎太快，一個上午就騎完了。因此我們上午九點才從民宿出發騎乘。

一出門，便沿著姬川往南邊的大町市前進。一路上正好遇到一大片綠油油的稻田，在裡面的鄉間小路騎乘，真的讓人心曠神怡。而且不虧是古代信州封地，沿途有不少仍保留信州時期的老房舍，讓人好想進去探個究竟。

由於要轉到國道 148 號線，路上正好遇到 JR 大絲線電車經過，後來才知道，國道 148 號線幾乎貼著這條鐵路前進，感覺在追逐火車般。雖然是國道，但路上平坦寬敞不說，景色變化也很多元，因此每次遇到紅綠燈，大家就忍不住一直拍照。

1. 青木湖北邊騎是茂盛的針葉林森林，青藍色湖面更顯幽靜。2. 中午吃飯的地方，拉麵好好吃。

Data

青木湖
ADD：長野県大町市平青平 20780-1
TEL：+81 261-23-1021
WEB：http://www.aokiko.com

ゼーブリック拉麵店
ADD：〒 398-0001 長野縣大町市平加蔵 22650 － 1
TEL：+81 261-23-1159
WEB：https://www.facebook.com/pages/ ゼーブリック

1. 中綱湖到囉！
2. 中綱橋上沒有車又寬敞，讓人想躺在上面打滾。3+4. 北阿爾卑斯山麓自行車賽吃蕎麥麵配哇沙米！

Data

中綱湖
ADD：長野縣大町市大字平鹿島 8589
TEL：+81 261-22-8854( 鹿島槍樂園 )
WEB：http://www.kashimayari-garden.com/

## 環兩湖，吃拉麵及蕎麥麵

　　騎了約 1 個小時，便在路旁一棟有著北歐木頭屋風格的房子前停了下來。結果竟然是要吃中餐了！才 11 點吃，真的好早，不過這家叫「ゼーブリック」拉麵店的食材真的不是蓋的，我叫醬油拉麵，不但湯頭爽口，豚肉也好吃，一下子就吃完了。老闆也有賣飲料及咖啡，是深受在地人歡迎的美食餐廳。這裡的特色是可以一邊吃著美味的拉麵，一邊欣賞青木湖的美景。

　　青木湖是仁科三湖之中最大的湖，呈心形充滿著美麗清澈的水，從東南方可以看到倒映在湖面上的白馬群山。不過我們卻先沿著西北方騎進森林裡，在針葉林及闊葉林裡騎乘，湖面上的風吹來，完全感受不到夏天的炎熱，只有舒服兩字可以形容。

　　接著就騎進了中綱湖。相較青木湖寬闊的湖面，中綱湖算小的，但聽說是釣魚的天堂。另外 5 月初會有很多攝影者來此拍岸邊的深粉紅山櫻花樹倒影。但我印象最深是中綱湖附近的橋，沒有車又寬敞。最後，在鹿島槍運動中心為參加「北アルプス山麓グランフォン」的選手加油，順便吃當地的蕎麥麵，配上哇沙米，真的好好吃。聽說選手一路吃這個補給，不過 2017 年因為下大雨我們選擇棄賽，等下次吧！

Data

鹿島槍運動中心（鹿島槍スポーツヴィレッジ）
ADD：〒 398-0001 長野縣大町市平 20490-4
TEL：+81 261-23-1231( 鹿島槍滑雪場 )
WEB：http://www.kashimayari.net/

# 環四湖線 富士山

## 探訪富士山下的藍色湖畔群

1.

2.

金沢　白馬 長野

河口湖

名古屋　伊豆

行　　程：河口湖→西湖→精進湖→
　　　　　本栖湖→青木原樹海→西
　　　　　湖→河口湖

所需天數：1 天

距　　離：約 77 公里

等　　級：初級

建議騎乘月份：6 ～ 11 月

日本自行車諮詢資訊：https://www.
fujihc.jp/

　　對台灣自行車友來說，騎上日本第一聖
山——富士山，是一生要做的一件事，推薦
的玩法有二種：一種是富士山環湖輕鬆行，
另一種則是從富士山底一路騎乘到富士山五
合目。若是體力好一點，還可以挑戰富士山
登頂行程。無論哪個行程，小猴我已騎過
了，夏天及秋天景色各有千秋，只能說都不
虛此行。

　　先說簡單的富士山環湖單車行，一般來
說，富士山下著名的五湖，分別為：河口湖、
精進湖、西湖、本栖湖、山中湖，都是由富
士山的噴發而形成的堰塞湖，屬富士箱根伊

1. 西湖景致超美！2. 夏天在雲霧中的河口湖望見富士山景。3. 沿途平緩沒有陡坡，值得慢慢騎乘，從不同角度欣賞富士山景。4. 從河口湖往西湖路上的山景倒影。5. 一路幾乎邊騎邊吃霜淇淋，消暑呀！

必買伴手禮！
富士山造形餅乾

豆國立公園的範圍之內。旅客會選擇居住在最熱鬧的河口湖車站附近，除了是交通匯集地外，這裡的溫泉飯店也十分著名。我會建議以此為起點，往西邊環河口湖、精進湖、西湖、本栖湖，全程大概 65 公里左右，沿途只有緩坡沒有陡坡，值得慢慢騎乘，從不同角度欣賞富士山景。或是往東南方向，挑戰距離河口湖有 35 公里遠的山中湖，分二天騎乘，完成環五湖的壯舉。

當然，也可以直接單挑富士山五合目自行車之旅，或是參加每年 6 月份由日本富士山當地所舉辦的「富士山自行車登山挑戰賽」，全程約 24 公里的爬坡路段。

想要體驗富士山行程，建議最好安排五天四夜會比較適合，因為光從東京新宿到河口湖的交通，無論是搭乘 JR 電車或高速巴士都要花費 2 個小時的車程，不妨在河口湖好好停留一天，逛逛附近景點，買買伴手禮，都是不錯的玩法。而且河口湖車站，也是周遊巴士的起點，可乘坐紅、綠等線公車遊玩各個景點。

## Day01

### 路線資料
距離：約 77 公里
所需時間：約 6 小時
等級：初級
最大坡度：5.28%
總爬升：683 公尺
最低海拔高度：831 公尺
最高海拔高度：1130 公尺

河口湖車站→河口湖自然生態館→西湖→西湖いやしの里根場→精進湖→松風餐廳→本栖湖→本栖湖露營場→佛光山本栖寺→大室山西展望台→青木原樹海→富岳風穴→西湖→河口湖車站

## 河口湖自然生活館吃藍莓冰

富士山環湖路線，建議從河口湖車站開始，在車站旁的旅客服務中心（案內所）拿地圖，有中文版，可以更清楚附近的景點及騎乘方式。河口湖是五湖中眺望富士山角度最完整的景點之一，再來是因為沿途會經過很多景點，像美術館、大石公園及河口湖自然生態館，可以看到沿路上有很多人慢跑、釣魚、遊船。

我們早上 8 點半從河口湖車站沿著湖邊騎大約 5 公里，便可以到達今天的第一站——大石公園跟河口湖自然生活館。這裡若是 6～7 月來，可以看到整片的薰衣草花田，又叫「花富士」。如果錯過這個時節，也有其他花來映襯，像我們 8 月時，這裡沿路盛開大朵大朵的紫陽花，也很美麗。

除此之外，來到河口湖自然生活館，強烈建議一定要品嘗當地盛產必吃的特產——手工製作的藍莓冰淇淋，紫色的，跟薰衣草很像，但口味卻大大不同。如果適逢 7 月藍莓季節，在生活館裡的果園還可以親身體驗採摘藍莓的樂趣。

1. 出發囉！2. 從河口湖車站騎到河口湖自然生活館。

Data

### 河口湖車站
ADD：〒 401-0301 山梨縣南都留郡富士河口湖町 3641
TEL：+81-555-72-2214
WEB：http://www.fujisan.ne.jp/

河口湖自然生活館的
藍莓軟冰淇淋！
必吃！

3. 寧靜的河口湖。
4. 大石公園入口
處用石頭堆出富
士山是招牌標誌。
5. 河口湖自然生
活館必吃的藍莓
軟冰淇淋。

Data

河口湖自然生活館
ADD：〒 401-0305 山梨縣南都留郡富士
河口湖町大石 2585
TEL：+81-555-76-8230
WEB：http://www.fkchannel.jp/
naturelivingcenter/

## 大石公園拍逆富士

　　大石公園，則是著名拍·「逆富士」
或「水中富士」的地點，在萬里無雲的
晴天裡，整座富士山頭會完整倒映於河
口湖藍色湖面上，很漂亮。可惜的是當
天我們到達的季節及時間，因為熱對流
的關係，使得富士山被水霧遮蔽住，以
致很難看到富士山全貌。我會建議大家
可以分夏天及秋天各玩富士山，雖然夏
天可以騎車及登山一次達成，但在山下
卻難以窺見富士山面貌，反而秋天容易
拍到富士山倒影。聽說這裡也是夏天晚
上賞花火的好地點哦～

Data

6. 大石公園的薰衣草田。7. 這次挑戰富士環
湖及登山之旅。

大石公園
ADD：〒 401-0305 山梨縣南都留郡富士河口湖町大
石 2585（大石觀光協會）
TEL：+81-555-72-8772
WEB：http://ooishikankou.info/

## 西湖迷你合掌村

河口湖很大，騎到西湖，已是 10 點左右了。而且到達西湖之前，需要經過一段小上坡，還好起伏不大。過了西湖之後，沿途經過一個類似白川鄉合掌村的舊房子，叫「西湖療癒之村」（西湖いやしの里根場），也有「西湖合掌村」之稱。其實這是當地傳統的日本茅葺式民家建築，曾在 1966 年的颱風中被土石流滅村，後來政府為宣導土石流並結合觀光及文化，於 2003 年在此重建，現在共有 20 個茅葺式房屋，每一個房屋裡都有不同的功能，像是販賣陶器、冰淇淋、農產品等商店，也有歷史資料展示及體驗工坊等等，很值得一逛。

Data

### 西湖いやしの里根場
ADD：〒 401-0332 山梨縣南都留郡富士河口湖町西湖根場 2710
TEL：+81- 555-20-4677
WEB：http://www.fujisan.ne.jp/iyashi/

1+2. 有迷你合掌村之稱的西湖療癒之村。3. 西湖的路平緩彎延，路上景致也豐富。

夏天的富士山

4.

4. 路上能不能看到富士山，其實要靠運氣。
5. 西湖到精進湖的指標很清楚。6. 路上有小心熊的指示。

Data

佛光山本栖寺廳
ADD：〒 409-3104 日本國山梨縣南巨摩郡身延町中之倉 2927
TEL：+81- 556-38-0777
WEB：https://www.facebook.com/fgsmotosu/

## 松風吃鹿肉大餐

接著騎到面積最小的精進湖，不做太多停留，只是路過，但沿路可以看到很多水上設施，有人在釣魚、划獨木舟。在進本栖湖前，我們轉進一家叫「松風」的餐廳用餐。聽說這家店已開了 30 年，老闆是當地少數會將鹿肉製作成咖哩及熏肉的料理達人，但有鑑於車友不能接受鹿肉，所以改由當地的蔬菜及炸蝦套餐取代。小猴下次來一定要試試鹿肉咖哩。

吃完後，便前進本栖湖環湖，然後折返回河口湖。本想在本栖湖跟日本一千元鈔票上的富士山同景拍照留念，無奈當天富士山不露臉，沒達成任務。

沿途看到「佛光山本栖寺」的招牌，才知道原來它是 2002 年初，佛光山於殊勝因緣下，擁有的一處位於富士山腳下本栖湖畔的道場。聽說也有不少台灣旅客前來住宿及上課。

7+8. 在本栖湖旁的松風餐廳用中餐，料理都是取自當地的食材。

Data

松風餐廳
ADD：山梨縣南都留郡富士河口湖町本栖 120-1
TEL：+81- 555-87-2501
WEB：http://motosuko.com/matsukaze/

## 大室山西展望台看群山

環完本栖湖後，我們並沒有沿著原路再騎回去，而是切到 71 縣道，往青木原樹海的方向前進，這一段有點挑戰，不但開始上下起伏，後面有一段上坡，一直到大室山西展望台。這裡是日本當地人才知道的私房景點，可以俯瞰青木原樹海及整個本栖湖，天氣好時還可以眺望整個南阿爾卑斯山連峰。

至於著名的青木原樹海，標高介於 920 公尺～ 1300 公尺之間，因保有大面積的原生林，所以在日本有「樹海」一詞也成為青木原的代表。從這片鬱鬱蔥蔥的森林中，可以看到富士山美麗的山景，而成為熱門景點，但都不如它被稱為日本著名「自殺勝地」及入林容易迷路的神祕傳說來得有名。

南阿爾卑斯山連峰

Data

**大室山西展望台**
ADD：401-0337 南都留郡富士河口湖町本栖西湖根場 2710
TEL：+81- 555-24-9087

1. 本栖湖畔也有不少人從事露營或水上活動。
2. 沿小徑轉彎後就到了河口湖啦。3. 大室山西展望台上可以看見南阿爾卑斯山連峰。

1.

Data

2.

3.

1. 騎到富岳風穴休息一下 2. 夏天騎在青木原樹海裡，其實很涼爽。3. 來日本就是要吃霜淇淋。

**青木原樹海**
ADD：〒 400-0031 山梨縣甲府市丸之內 1-6-1（公益社團法人山梨觀光推進機構）
TEL：+81-55-231-2722

**富岳風穴**
ADD：山梨縣富士河口湖町西湖青木原 2068-1
TEL：+81-555-85-2300
WEB：http://fujigoko.info/icecave/

## 穿越青木原樹海到富岳風穴

　　想到等一下要穿越這片樹林，令我感覺有點毛毛的。幸好一路上，大家跟很近，加上天色很亮，而且騎在綠油油的樹林裡，涼風吹來很舒服，所以很快就騎到了富岳風穴的停車場休息。

　　提到富岳風穴，號稱為昭和時代的天然冷藏庫，因地形及青木原樹海的包圍下，長年保持平均氣溫為攝氏 3 度，因此被指定為國家天然紀念物。即使是夏天到富岳風穴，走進去也要加一件外套，不然也是會被冷到皮皮銼。

　　在富岳風穴休息夠了，大夥便又牽起自己的自行車，騎上縣道 710，往西湖及河口湖的另一側河畔前進，到達今天的終點站——河口湖車站。

4.

4. 沿著湖畔騎，車少又舒服。

環湖成功！

# 富士山2天1夜登頂

日本人曾經說過：如果你是日本人，你此生一定要爬一次富士山，但是你爬第二次是笨蛋。而小猴我就是那個笨蛋，因為登富士山共有四條線：吉田線、富士宮線、須走線、御殿場線，而我就分別在2012年及2015年走過其中二條：路程最短但坡度較陡的富士宮線，以及較緩但也最大眾化路線的吉田線。

相傳400多年前日本人為了朝聖拜神，並祈求看到御來光（即富士山的日出）就可以迎來整年的好運氣。因此，會從山下的淺間大社拿著火把開始往上爬，從一合目到標高3376公尺的十合目，不像現在很幸運，可以先坐車到五合目才開始爬。而且從富士山頂往下看，旁邊的山都變成小山，那一望無際的感覺，很像一個王者站在山頂上居高臨下，其他人都俯首稱臣的霸氣。

觀看富士山頂的日出，感受御來光。

## ┌ 小猴登富士山密技1
## └── 金剛杖必買，吉田烏龍麵及富士宮炒麵必吃

在富士山有個特別的地方，愈往上爬消費愈貴，比如說一瓶水在五合目可能是500日幣，爬到六合目可能是600日圓，以此類推。因此，建議最好自己帶水，不得已才在山上商店買東西。另外在富士山上洗手間也是要收費，約100～300日幣之間，採投幣式，因此記得帶很多100日圓銅板。另外，登富士山我建議金剛杖必買，一根約1000～1500日幣左右，從五合目開始往山爬，到每個山屋都可以請人燒印在上面，每一次燒印的價格是200～300日幣之間，而且每個樣式都不一樣，如同一個認證章，當爬到山頂時，整支金剛杖的燒印愈蓋愈多，表示一路有神明庇佑。不過走這兩條線，分別在五合目的吉田烏龍麵及富士宮炒麵，是當地必吃美食。

每到山屋就可在自己金剛杖上燒印記念。

連沿路販售的饅頭上也要燒上富士山符號。

左：吉田線五合目必吃的吉田烏龍麵。
右：富士宮線必吃的富士宮炒麵。

## 小猴登富士山密技 2
## 分 2 次挑戰富士宮線及吉田路線　→

富士宮線位在靜岡縣，從標高約 2400 公尺的五合目開始往上爬至八合目或九合目，睡一晚，隔天凌晨 2 點多鐘再出發至山頂十合目。若天氣好，則沿途往向下看到的景色，主要是靜岡市區，以及駿河灣、伊豆半島的海景。

吉田路線則位在山梨縣，主要是從河口湖進入，一樣也是從標高 2305 公尺的五合目開始爬，一樣在八合目或九合目睡晚，隔天再攻頂看日出。這路途向下望去，看到的是山中湖及山梨縣市景。因此日本人才說富士山登頂，每條路線所看到的風景完全不一樣。由於每年七、八月是富士山唯一融雪的時段，也是官方開放登頂的季節，在這段時間沿路的旅館才會營業，所以富士山的入山申請其實是訂旅館，其他並無特別管制。原則上住宿旅館愈接近山頂會愈方便。另外，山梨縣觀光推進機構在「Noboru Noboru Fujisan 網站」「提供富士山登頂證書線上申請服務，只要填好申請表，並附上登頂照片證明即可，分為 1050 日圓＋運費的「富士山登頂證書」以及免費的「富士山登山紀念狀」兩種。

富士山在登山口設置富士山保全協力基金，可自由捐 1000 日幣，獲得圓形徽章、證明書及富士山登山小冊子作為紀念。

## 小猴登富士山密技 3
## 洋蔥穿法輕裝行，登頂著重保暖　→

攀爬日本第一高山富士山其實門檻並不像台灣玉山那麼高，我在沿路有遇到幾乎四歲到八十幾歲，只要體力還行，都可以開放通行。在裝備上，除了建議最好穿登山鞋，以免上山因火山礫石打滑外，在服裝方式建議穿洋蔥式穿法，就是最裡面穿短袖排汗恤，外面再搭一件長袖的薄襯杉防曬及擋塵，另外遮陽帽、手套、口罩、防晒油必備。至於裝備也不用帶太多，因為這二條路線的山屋都有睡袋及食物提供，所以自備頭燈、水、乾糧，因為住一晚，所以最好帶一套衣物更換。另外為怕太陽下山或登頂時會冷，最好帶將羽絨薄外套、風衣、毛帽帶上。因為即便山下高溫 20 多度，但爬到八合目時，室外也才 6～7 度，爬到山頂才 0～2 度，因此保暖很重要。

建議登富士山穿著以洋蔥式穿法，隔天凌晨登頂服裝以保暖為主。

富士山自行車挑戰健腳行

# 富士山線 山中湖・

1.

2.

金沢　白馬
　　　長野

山中湖

名古屋　伊豆

行　　　程：富士北麓公園→山中湖→
　　　　　　富士山五合目
距　　　離：約 66 公里
所需時間：1 天
等　　　級：高級
建議騎乘月份：6 ～ 10 月
日本自行車諮詢資訊：https://www.
fujihc.jp/

　　如之前所說，若要騎乘富士山腳下的五湖，一般會分二天進行，在於山中湖距離另外四湖實在太遠，單程約有 35 公里，從河口湖騎到山中湖，中間不停的話，也要一個多小時。因此若五湖想要一天騎完，實在太趕，反而欣賞不到美景。建議最好還是拆成兩天進行。

　　山中湖是五湖之中，面積最大的湖泊，而且景點多，騎自行車環湖一圈大約 40 分鐘即可完成。如果想要跟山中湖及富士山同時入鏡拍照，建議到北岸為最佳地點，天氣好時還可以看到富士山的水中倒影。

　　這次我們選擇在秋天 11 月初探訪富士山

1. 山中湖在林蔭中騎乘很舒服。2+3.10～11 月到富士山正可以賞秋。4. 這是 2016 年夏天成功挑戰富士山五合目。5. 騎乘富士山前最好先到山下的淺間神社參拜。

五合目及山中湖，正好遇到楓紅時節，富士山頂還有積雪，真的很美麗。可以依自己的體力，調整騎乘速度，整個行程輕鬆、舒適又愉快。當然，想挑戰自己自行車實力的人，也可以選擇在 6 月份參加當地著名的「富士山自行車挑戰賽」，24 公里內爬升 1055 公尺。

不過，我真的建議，除非只想去一次，才會選擇在夏天一口氣把登山跟單車完成，不然，分秋天及夏天以不同玩法，如爬山、騎車、坐船、纜車或是自駕遊等，親近富士山，都是不錯的方案。尤其騎自行車最棒的地方是，你可以從富士山腳下，騎到 2300 公尺的五合目，走走停停，

抬頭看富士山頂積雪，低頭俯視山中湖或忍野村美景。這次行程較不同以往，居住在河口湖再騎到山中湖，而是模擬富士山自行車賽的路線，加上山中湖環湖。因此前一天在東京入關後，便直接拉車到靜岡市住一天，隔天一大早才坐巴士到富士北麓公園開始整理裝備，開始山中湖加富士山五合目爬坡單車，預計晚上居住在河口湖泡溫泉。

**路線資料**

距離：約 66 公里
所需時間：約 8 小時
等級：高級
最大坡度：9%
總爬升：1714 公尺
最低海拔高度：764 公尺
最高海拔高度：2312 公尺

富士北麓公園 →山中湖 →手打うどん開花餐廳 →北口本宮富士淺間神社 →富士山付費車道 →樹海台駐車場 →富士山五合目

## 山中湖環湖賞楓看富士山，中午吃馬肉烏龍麵

關於山中湖的介紹，相信大家都耳熟能詳了，不僅水上活動設備充裕，四周還有自然觀察園區、美術館等觀光設施，還有溫泉可以泡，不過近年來因在 2 月的山中湖可以看到，日出正好從富士山頂直線冒出，因有「鑽石富士」之稱，吸引許多遊客前來取景。沿路我們繞著湖邊經過長池親水公園、山中湖交流廣場、旭日丘湖畔綠地公園及文字之森公園，只要是好天氣都可以拍到山中湖與富士山同在一起的好照片。旭日丘湖畔綠地更是賞楓勝地。

中午，來到當地人才知道的「手打うどん開花」，聽說已開 30 年的老店，並堅持手工製作，尤其這裡的烏龍麵是用富士山的泉水及木柴火煮食，所以味道特別。

烏龍麵裡的肉可不是一般的豬肉或牛肉，聽說，因為早期登富士山，需要騎馬走一段，因此馬匹被保留下來，成為當地很重要的交通及飲食的來源。如果在這裡點當地著名的「吉田烏龍麵」，用的就是馬肉。不過我是吃不太出來，只覺得肉好吃，烏龍麵更Q彈有嚼勁。

Data

**山中湖**
ADD：〒 403-0005 山梨縣南都留山中湖村平野 506-296
TEL：+81-555-26-3100
WEB：http://www.yamanakako.gr.jp/

到了山中湖先拍照，
就要環湖一周了！

1. 來此一定要參拜富士山淺間神社。2. 寧靜的山中湖，天鵝船是特色。

Data

**北口本宮淺間神社**
ADD：山梨縣 403-0005 富士吉田市上吉田 5558
TEL：+81- 555-22-0221
WEB：http://www.sengenjinja.jp/

## 淺間神社參拜祈福，挑戰富士山五合目前進

吃完中餐後，開始要從富士山山腳下騎自行車到五合目了。但在這之前，依當地人的習俗，必須到淺間神社參拜祈福，保祐我們騎車平安（小猴之前爬山也是要先來這裡拜一下）。

全日本有超過 1000 間富士淺間神社，供奉木花之開耶姬，富士山的神道神明。富士吉田的淺間神社，稱為「北口本宮淺間神社」，是富士山北邊的主要淺間神社。主宮為富士宮那間的「富士山本宮淺間大社」。在江戶時代，絡繹不絕的人若要參拜富士山，必須從這裡（吉田口）作為登山的起點。

我跟淺間神社很有緣分，抽過二次關於情感的籤都是同樣的意思，當時詩籤內容叫我不用多想，認真工作，之後緣份自然會遇到，果然很靈驗。所以我每次來，都會到淺間神社參拜。

吉田烏龍麵，是馬肉喔！

Data

中午到「手打うどん開花」吃吉田烏龍麵，用的可是馬肉。

**手打うどん開花**
ADD：山梨縣富士吉田市下吉田 6110( 舊址 )、山梨縣富士吉田市富士見 7-8-27( 新址 )
TEL：+81-555-23-5715
WEB：http://www.fujiyoshida.net/spot/26

## 樹海台駐車場展望忍野八海

接著轉進國道 707 號，開始往富士山，中間會經過富士山有料道路收費路，原來這條是要收費的，不過自行車免費！騎沒多久就到了一合目的停車場，標高 1291 公尺，而神社那裡是 860 公尺，再加上剛開始騎也還好，而且看著富士山頭前進，的確騎來心情不錯。但接下來就是挑戰了，一路經過二合目（1596 公尺）、三合目（1786 公尺），我只能低著頭一直騎，沒有辦法講話。雖然途中在樹海台駐車場（1660

公尺）及大澤駐車場（2018 公尺）有休息補給一下，但老實講，騎起來真的很累。不過，在樹海台駐車場可以清楚俯瞰新富岳百景之一的忍野八海景色，以及山中湖和青木原樹海，也算不虛此行了。

當我騎到五合目時，大約下午四點多了。全程 24 公里花了二個半小時，也算值得了！趕快跟日本最高的郵局拍一張，算是到此一遊啦！看一下我的 GPS，天啊～才攝氏 0.4 度，難怪那麼冷，趕快坐巴士下山泡溫泉囉！

**Data**

**樹海台駐車場**
ADD：山梨縣南都留郡鳴澤村
TEL：+81- 555-72-5244

1. 一路上仰望著富士山頭往上騎。2. 沿路從一合目、二合目、三合目騎上去。3+4. 在樹海台駐車場做補給。

**Data**

**忍野八海**
ADD：山梨縣忍野村忍草
TEL：+81- 555-84-4222
(忍野村觀光協會)

**富士山五合目簡易郵便局**
ADD：〒401-0320 山梨縣南都留郡鳴
沢村富士山 8545-1
TEL：+81-555-72-0005

1. 在樹海台駐車場可以清楚看見俯瞰忍野八海的景色。
2. 終於騎到五合目時，別忘了跟郵便局拍一張。3. 挑戰完
富士五合目當然要拍一張留念。

### 一生必定參加的富士山自行車挑戰賽

提到「富士山自行車挑戰賽（Mt. 富士ヒルクライム）」，相信所有愛
騎自行車的人一定耳熟能詳。這是由日本當地舉辦的國際自行車賽，
每年 6 月初舉行，吸引國內外約 1 萬人次參加，還有完賽證明。起點
從富士山腳下，標高 1035 公尺的富士北麓公園開始往上騎乘約 24 公
里，爬升 1270 公尺，最大坡度 9%。在這天，會往富士山的道路會封
起來，讓自行車比賽。若在大會規定的 90 分鐘到達，大會會依成績頒
發金、銀、銅獎牌。雖然大會號稱完成率高達 98%，但我在 2016 年
參加時，仍然花了 2 小時 19 分才完成，真的不簡單。不過有興趣的人
可以到他們家的官網（https://www.fujihc.jp/）查詢及報名，當然台
灣也有旅行社開團哦！

出發前跟
看板拍一張。

我衝進終點站啦！
每年有上萬人參加「富士山自行車挑戰賽」。

# 島波海道

## 一覽瀨戶內海風景的南北跨海大道

島波海道自行車規畫完整，沿路都可租車！

3.

廣島 尾道
倉敷
吳市
今治

行　　　程：廣島縣尾道市→向島→
　　　　　　因島→生口島→大三島
　　　　　　→伯方島→大島→愛媛
　　　　　　縣今治市

所需天數：2 天

距　　　離：約 80 公里

等　　　級：初級

建議騎乘月份：全年

日本自行車諮詢資訊：http://
www.go-shimanami.jp/global/
english/bicycle/

　　對台灣自行車友來說，「瀨戶內島波海道（しまなみ海道）」一定不會陌生。除了作為連結本州及四國地區的交通方式外，最大的特徵便是日本首條橫跨海峽的自行車道，讓自行車者或步行者也能橫跨海峽！這個堪稱日本鐵馬人的天堂，自從 2014 年，每二年舉辦的「島波海道國際單車節」，引吸不少自行車愛好者參加，以自行車騎乘六個島嶼──向島、因島、生口島、大三島、伯方島、大島，中間並由 9 座高架橋梁所組成，因此也有「橋的美術館」之稱，串聯日本廣島尾道與愛媛今治，才 75 公里的距離，可以選擇一天騎完，或是分二天騎乘，好好

1. 一大早便從尾道港出發。
2. 附 屬 在 Onomichi U2 內 的 Hotel Cycle 旅店是日本少數自行車專屬旅店，每間房都有掛車架。3. 島波海道被稱為橋的美術館。

地以不同角度欣賞瀨戶內海的美麗，也是日本唯一可以騎自行車和徒步縱走的道路。

從台灣坐飛機到廣島，有二種選擇，一是直飛廣島機場，但每天只有一班，而且是晚上 8 點多鐘到達。或是可以選擇直飛福岡機場，有早晚二班比較能調整自己時間，然後坐 JR 西日本山陽本線至廣島市或廣島尾道市居住一天後再出發。我們這次便是直達廣島機場，到尾道市住一天再出發。

由於近年來島波海道跳島旅行的人日漸增加，自行車出租服務、住宿、車道指標、旅遊指南等相關服務及資訊已建構得愈來愈完整，橘子大福、海鮮蓋飯、檸檬蛋糕、伯方鹽冰淇淋是當地必吃美食。另外，申請瀨戶內自行車渡輪PASS 卡，即一卡在手，享受在瀨戶內海內所有跳島過橋及坐渡輪的樂趣，免收手續費。

而且在島波海道騎車有一個好處，就是若體力真的不行，可以搭乘他們的公車，只要拆掉前輪就可以上車了，十分方便。

## 路線資料

Day01

距離：約 75 公里
所需時間：約 6 小時
等級：初級
最大坡度：2.5%
總爬升：694 公尺
最低海拔高度：1 公尺
最高海拔高度：82 公尺

Onomichi U2 →向島渡船乘船處 🚢 →尾道渡船港口→向島→因島大橋→因島→はっさく屋 →馬神除虫菊畑→生口橋→生口島→瀨戶田手造冰淇淋 Dolce →多多羅大橋→大三島→多多 羅島波公園愛情鐘 🚌 →大三島宗方港 🚢 → 大崎上島木江港 🚌 →清風館

1. 因島大橋分上層汽車道及下層的自 行車及行人道。2.Onomichi U2 外面 就是海港，有軍艦及貨船停靠。3. 因 島大橋的自行車專屬道。

## 以單車為訴求的 Hotel Cycle 旅店

這次很幸福的是，剛好住到位在尾道港邊的 Onomichi U2，這是將昭和 18 年（1943 年）的老倉庫加以改建複合式商場，裡面有廣島特產店、餐廳、烘培屋、咖啡廳、Giant 單車店與 Hotel Cycle 旅店等。對！你沒看錯，捷安特 Giant 也有在這裡設點，提供租車服務，因此建議想要騎乘島波海道，不妨可以廣島的尾道市做為起點，跨過瀨戶內海，騎到愛媛今治市絲山公園展望台，跟著名的來島海峽大橋做完美的終點。

而提到 Hotel Cycle 旅店，是專門設計給自行車旅客的飯店，每個房間都有掛車架是其特色。如果有空逛逛 Onomichi U2 的商場也不錯，賣的都是當地的特產，像是用魚或蝦風乾的零食，或是用島上的柑橘果乾，都十分推薦哦！

## 坐渡輪從向島開始，
## 因島大橋專屬自行車道

充分休息一天後，第二天一大早吃完早餐，我們便前往搭乘到向島的渡輪港口。在港口便有充分自行車騎乘路線說明，分為好幾條，可視每個人的旅遊需求來決定。從尾道這裡坐渡輪到向島大約 10 分鐘就到了。一下船，便牽起自己的自行車開始沿著縣道 377 號往因島大橋的方向騎乘。沿途都是小漁村的景致，中間還經過一座紅色鐵橋——串聯因島及岩子島的向島大橋。但這次行程並沒有要去向島大橋，而是往因島大橋前進，這段路還算平緩，大約騎 30 分鐘就到了。

因島大橋最具特色的在於自行車道跟汽車道是用鐵架上下層分開的專屬道，騎起來十分安全又舒適。從鐵網裡看瀨戶內海又是另一種感覺。而這也是我很喜歡島波海道的地方，每一座橋都不一樣，騎起來讓人有不同感受。只不過，每次上橋都必須先爬坡，這也是我建議單車初學者，最好安排兩天的原因。

Data

1+3. 從 Hotel Cycle 旅店的餐廳望向外面是尾道港口。這裡的 Buttibakery 麵包必吃。2. 等一下要從這裡坐渡輪到向島。4. 前方紅色橋是串聯因島及岩子島的向島大橋。

**Onomichi U2**
ADD：〒 722-0037 廣島縣尾道市西御所町 5-11
TEL：+81-848-21-0550
WEB：https://www.onomichi-u2.com/cn/

**尾道市港灣振興課（渡輪資訊）**
ADD：〒 722-0036 廣島縣尾道市東御所町 9 番 1 號
TEL：+81-848-22-8158
WEB：http://www.onoport.jp/sightseeing/route-f.html

**因島大橋紀念公園**
ADD：〒 730-8511 廣島市中區基町 10-52 號（自然環境課）
TEL：+81-82-513-2931

## 到はっさく屋吃橘大福，
## 欣賞除蟲菊花田

　　過了因島大橋就進入因島，也到了第一個補給站——はっさく屋。位在因島大橋紀念公園邊的はっさく屋，可以說是看因島大橋的最好景點，同時利用廣島生產的米製成糬外皮，因島當地種植的八朔橘製作內餡的橘大福（はっさく大福）更是美味呀～聽說只有 10 月至隔年 8 月才有販售，千萬別錯過！另外還有包覆一整顆橘子的まるごとみかん大福，只在 6 月～隔年 2 月限量販售。

　　接著，在當地人帶領之下，沿著縣道 366 號往南騎，到一處名為「馬神除虫菊畑」的地方，去看整片的除蟲菊花田。這裡有個小上坡，不過看到一大片由白色小花搭配背景的小漁村和漁港，感覺像是沈浸在日本節目「來去鄉下住一晚」中才有的小鎮風情畫般，感覺超級夢幻。

### Data

**はっさく屋**
ADD：廣島縣尾道市因島大浜町 246-1
TEL：+81-845-24-0715
WEB：http://0845.boo.jp/hassaku/index.html

**馬神除虫菊畑**
ADD：〒 722-2102 廣島縣尾道市因島重井町 6929
WEB：https://www.c-odekake.net/jyotyu/

**瀨戶田手造冰淇淋 Dolce**
ADD：〒 722-2416 廣島縣尾道市瀨戶田町林 20-8
TEL：+81- 845-26-4046
WEB：http://www.setoda-dolce.com/

**多多羅島波海道公園**
ADD：〒 794-1402 愛媛縣今治市上浦町井口 9180-2
TEL：+81- 897-87-3866
WEB：http://www.imabari-shimanami.jp/tatara/

**大崎上島清風館 Hotel**
ADD：〒 725-0402 廣島縣豐田郡大崎上島町沖浦 1900
TEL：+81-846-62-0555
WEB：http://hotel-seifukan.co.jp/

1. 來はっさく屋吃橘大福。2. 八朔屋大福。3. 每はっさく大福用廣島生產的米製成糬外皮，因島當地種植的八朔橘製作內餡。4. 馬神除虫菊畑的白色菊花田好美。

1. 多多羅大橋。2. 生口橋。3+4. 瀨戶田手造冰淇淋 Dolce 吃冰淇淋。這裡的伯方鹽冰淇淋必點哦！5. 位在多多羅島波公園愛情鐘。

## 必吃瀨戶田手造冰淇淋，欣賞多多羅大橋

接著再騎不久，便可以遠遠看到很壯觀的斜張橋，這就是串聯因島及生口島的生口橋，不過，從看到到真正騎到入口，又花了 25 分鐘的時間。不過，大家似乎不在意，只想趕快騎過這座橋，因此下一個景點是位在生口島上著名的手作冰淇淋店——瀨戶田手造冰淇淋 Dolce（瀨戶田手造りジェラートドルチェ）。門口有專屬的自行車架，提供遊客放自行車。

這裡的冰淇淋多達 35 種，多半是用當地的水果所製作的，像是生口島盛產的檸檬、因島盛產的柑橘，是我個人最推薦的口味。不過，它最著名的在於用當地的伯方鹽製作成冰淇淋，呈現藍色的，口味很特別，也超好吃！吃完後，沿著縣道 317 號騎到多多羅大橋。

連接廣島縣生口島及愛媛縣大三島之間的多多羅大橋為世界第五大斜張橋，橋塔與橋塔的距離有 890 公尺，在橋的中央有一縣市界線可以拍照，另外，在橋的兩端之第一個橋柱中間，有著「多多羅鳴龍」的指示牌，旁邊還有提供一組木條，供遊客敲打，讓敲擊聲迴盪在橋柱之下，產生「鳴龍」的回聲現象，超酷的，有機會一定要試試看。

騎過多多羅大橋，建議最好騎到大三島側的多多羅島波海道公園，可以欣賞整座大橋的美麗線條，公園中有一座幸福鐘，可以拍照留念或祈福喔！

Day02

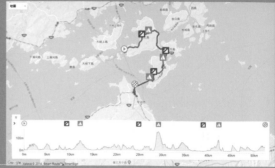

路線資料
距離：約53公里
所需時間：約6小時
等級：初級
最大坡度：3%
總爬升：754公尺
最低海拔高度：2公尺
最高海拔高度：161公尺

大崎上島木江港 → 大三島宗方港 → 伊東豐雄建築博物館 → TOKORO 美術館 → 大山祇神社 → 藤公園 → 大三島大橋 → 伯方島 → 伯方．大島大橋 → 吉海町玫瑰公園 → 來島海峽大橋 → sunrise 系山自行車中心 → 毛巾美術館

## 伊東豐雄建築博物館及大三島 TOKORO 美術館

在大崎上島清風館，一邊泡湯一邊欣賞瀨戶內海美景的日式露天溫泉後，隔天再搭渡輪回到大三島的宗方港，開始第二天的行程。今日騎乘大約50公里，第一站來到伊東豐雄建築博物館，這是日本史無前例的以單一建築師為主的個人博物館，由伊東豐雄（Toyo Ito）所設計。主要由伊東豐雄設計的鋼鐵小屋以及將舊自宅遷建到此的2座建築物為中心構成，館內並展示著各種建築模型，讓人聯想到湛藍清澈的瀨戶內海中島嶼群。

旁邊騎沒多久就是的「大三島 TOKORO 美術館」，裡面展示是國內外當代藝術家作品約30多件，如諾耶・卡茲、湯姆・魏索曼、賈科莫・曼祖、日本的林範親、深井隆等作品，連從建築遠眺的瀨戶內海景觀都是藝術作品的一部分，很值得一逛。

1. 大三島藤公園的紫藤花瀑開得正盛。2. 伊東豐雄建築博物館。3. 大三島 TOKORO 美術館的入口，富現代前衛藝術感。

## 大山祇神社求安全御守，喜見紫藤花瀑

接著我們沿著縣道 51 號線往北騎，大約 30 分鐘來到當地最著名的宗教信仰中心，叫「大山祇神社」，這裡據說是日本全國一萬多處山祇神社和三島神社的總社，主要奉祀海神、山神、武士之神等，眾多武士到此祈願戰勝，勝利後則會供奉武具答謝，因此正殿、拜殿

等重要文化資產也非常多，而且神社裡有顆樹齡超過 2600 年的大楠樹神木坐鎮，能祈求下雨的地方。最有趣的是這個神社有個安全御守，可以放在安全帽裡面的，祈求騎車平安，所以我也買一個來黏在安全帽裡，超貼心的設計。

在離開神社前，旁邊有個大三島藤公園，在東側有個 300 公尺的紫藤花架，剛好我們 3 月探訪時，正開滿了紫藤花瀑，騎乘在下面真是美透了。

Data

### 伊東豐雄建築博物館
ADD：愛媛縣今治市大三島町浦戶 2418
TEL：+81-897-74-7220
WEB：http://www.tima-imabari.jp/

### 大三島 TOKORO 美術館
ADD：愛媛縣今治市大三島町浦戶 2362-3
TEL：+81-897-83-0380
WEB：ttp://museum.city.imabari.ehime.jp/tokoro/

### 大山祇神社
ADD：愛媛縣今治市大三島町宮浦 3327
TEL：+81-897-82-0032
WEB：https://www.visitehimejapan.com/zh_TW/see-and-do/2495

### 大三島藤公園
ADD：愛媛縣今治市大三島町宮浦 9100-1
TEL：+81- 897-82-0500( 大三島支所 )
WEB：http://www.go-shimanami.jp/ spot/?a=230

1. 大山祇神社主要奉祀海神、山神、武士之神。2. 把安全御守貼在自行車的安全帽內，保佑我們一路平安。3. 沿著縣道 51 號線往北騎。4. 大三島宗方港。

## 伯方島上找美食，
## 吉海町玫瑰公園賞花

相較於前一天的萬里無雲，今天的天氣變得不太穩定，當我們繞過多多羅島波海道公園往大三島橋騎時，便遇到午後雷陣雨，只能快速騎過這個號稱是連結本州及四國第一座完成通車的鐵拱橋，不過上面的自行車專用道卻是最大的，寬度幾乎跟旁邊的車道一樣了。

進到伯方島，這段主要自行車路線只有 4～5 公里長，因此很快騎過。但這不是重點，因為在當地人指引下，大家飛奔伯方 S‧C 公園旁的小木屋，點一分號稱隱藏版美食──燒豚玉子飯。雖然看起來不起眼，在保麗龍碗裡，放上白飯及幾塊豚肉，撒上青蔥及一顆半熟玉子，再淋上一些醬油，但一入口後，蛋黃跟醬汁及白飯融合在口中，真的好美味。事實上，在伯方島盛產鹽，叫作「伯方塩」，是這一帶最有名的產品之一，當然伯方塩霜淇淋也不能錯過。

通過了伯方‧大島大橋後，便進入大島，我們繞去吉海町玫瑰公園，這裡栽培了來自世界各地 400 種、總共 6500 珠的玫瑰，全年都有不同品種的玫瑰盛開，到處飄著香甜的花香，花團錦簇，一片繁花似錦。聽說公園外的玫瑰冰淇淋也是必吃名產哦！

1. 伯方島上的燒豚玉子飯真的好美味。2. 連結大三島及伯方島的大三島橋。3. 大三島橋上的專屬自行車就是那麼寬。4. 到吉海町玫瑰公園賞玫瑰。

## 來島海峽大橋
## 享受單車飛翔快感

1. 來島海峽大橋十分壯觀。2. 騎上由三座吊橋串聯的來島海峽大橋。3. 上下來島海峽大橋的圓圈引道，由上往下看十分美麗又安全。4. 系山自行車中心自動販賣機有賣自行車內胎。

　　終於我們來到這條跨海路線的重頭戲——來島海峽大橋！連接大島及四國地區愛媛縣今治市的來島海峽大橋，全長 4 公里，但因為距離海面高達 30 公尺，因此騎在上面就好像在飛一樣。而且無論從大島高處望過去，或是從今治市的系山公園展望台看過來，六座如巨人般的橋塔一個接一個往海的另一端排列而去，真的很壯觀。

　　另一個吸引我的地方，是上下來島海峽大橋的圓圈引道，以距離來換取坡度，讓引導均勻徐緩上下坡，不但讓騎士在上下坡時更省力，也減少可能超速的危險。路上還有人在餵老鷹，真的很特別，也讓我們大開眼界。

Data

### 伯方 S．C 公園
ADD：愛媛縣今治市吉海町福田 1292
TEL：+81-897-72-3300
WEB：http://www.imabari-shimanami.jp/hakata/

### 吉海町玫瑰公園
ADD：〒 794-2302 愛媛縣今治市伯方町叶浦甲 1668-1
TEL：+81-89-784-2111
WEB：http://www.city.imabari.ehime.jp/kouen/yosiumi/index.html

### sunrise 系山自行車中心
ADD：〒 794-0001 愛媛縣今治市砂場町 2 丁目 8 番 1 号
TEL：+81-898-41-3196
WEB：http://www.sunrise-itoyama.jp/

## 探訪今治市毛巾美術館

這次因為多了半天時間，因此特意安排了今治市的毛巾美術館一遊。

今治市因毛巾生產量為日本第一而聞名，而毛巾美術館正是世界第一間專門介紹毛巾的美術館。美術館內除了有介紹毛巾的製造過程外，更有實機操作，還有整面紡織毛巾使用的線軸作成彩色牆，更重要的是它還跟許多國家的藝術家合作，用毛巾製成各式各樣的作品收藏展示，並與芬蘭作家——朵貝‧楊笙合作，展示用毛巾製作的「嚕嚕米（Moomin）」作品，並在開滿四季不同花朵的歐式花園裡也能隨處看見嚕嚕

米和夥伴們的青銅雕像，這也是我很喜歡今治毛巾美術館的原因之一。現場也販售種類豐富的毛巾商品、藝術作品和四國的土產，很值得一遊。

1. 遠紡織毛巾所使用的各種顏色線軸製作成色牆，好美麗。2. 毛巾美術館裡有實機操作毛巾製作流程。3. 跟芬蘭作家朵貝‧楊笙合作用毛巾製作的「嚕嚕米（Moomin）」作品展示。4. 今治市毛巾美術館，外面有美麗的庭園。

**Data**

**今治市毛巾美術館**
ADD：愛媛縣今治市朝倉上甲 2930
TEL：+81-898-56-1515
WEB：http://www.towelmuseum.com/

## 坐巴士或渡輪回廣島市

島波海道其實可以從廣島的尾道市出發，但也可以從愛媛的今治市過去，無論從哪裡過去，這段自行車道都規畫得相當完善，只要跟著路上的藍線（Blue Line）標示，基本上都不會迷路。

而且，要騎乘島波海道，除了自己帶車外，這裡的自行車租借系統也規畫得十分完善，主要有 3 個自行車租借系統：一個是有 13 個服務據點的公共管理租賃自行車服務，另一個是只有 JR 今治站和尾道的 ONOMICHI U2 兩個租借點的「GIANT（捷安特）」和尾道當地民營的「RED BICYCLES ONOMICHI」，而這些資訊都可以在網站上查詢到。而到了今治市後，可以選擇坐巴士回尾道市，或是坐巴士到松山市改坐渡輪，直接回廣島，都很方便。

當然，也可以從今治市停留一天，隔天再坐船至岡村島，體驗另一個自行車跳島之旅——飛島海道。

1. 也可坐渡輪直接回廣島市，並從海上用另一角度觀賞瀨戶內海的景致。2. 島波海道一路上自行車指示十分清楚，不易迷路。

--- 番外篇 ---

# 島波海道國際單車節

每二年舉辦一次的「島波海道國際單車節（Cycling Shimanami）」，2018 年即將在 10 月 28 日（日）舉辦，預計招收 7 千人左右的自由車愛好者參加。我本身除了 2014 年跟團考察島波海道的自行車行程外，2016 年也參加了「島波海道國際單車節」。這個被日本車友稱為非騎過一次不可的跨海單車路線，主辦單位會在這天全線封路，讓車友可以騎上汽車專用道，體驗在內海島嶼間如風飛越的快感，中間還有一段可以坐渡輪。而且主辦單位針對不同體力、腿力的車友，規畫了從 30 到 100 公里不等的活動組別，並沿路提供廣島與愛媛的柑橘、今治毛巾、尾道帆布與尾道拉麵等補給品，真的很貼心。完成後，大會還會發完賽證明，因此真的很值得推薦給各位車友，有機會一定要去參加！！

讓時間停留的瀨戶內海跳島之行

# 飛島海道

1.

2.

廣島　尾道
吳市
今治
倉敷

行　　程：愛媛縣今治市→岡村島→大崎下島→豐島→上蒲刈島→下蒲刈島→廣島縣吳市

所需天數：1 天

距　　離：約 38 公里

等　　級：初級

建議騎乘月份：4～11 月

日本自行車諮詢資訊：今治：http://www.go-shimanami.jp/global/english/bicycle/、吳市：https://www.hiroshima-navi.or.jp/tw/post/026898.html

　　有日本愛琴海之稱的瀨戶內海跳島之旅，除了著名的島波海道外，西邊也有一條「飛島海道（とびしまかいどう）」也是令人嚮往。相較於島波海道的 75 公里串聯 6 座島行經 9 道橋的騎乘距離，飛島海道主要則跳躍了岡村島、大崎下島、豐島、上蒲刈島及下蒲刈島等五個主要島嶼，同時跨越了岡村橋、平羅橋、豐浜大橋、豐島大橋、蒲刈大橋、安藝灘大橋等 6 座大橋，全長最短距離也才 30 公里（指從岡村島至吳島的安藝灘大橋入口），所以 1 天便可以輕鬆騎完。因此許多日本車友會在安排島波海道時，多留一天來完成飛島海道。

1. 飛島海道沿著藍色自行車指引前進即可。2. 大崎下島的海邊有海女採取海草。3. 岡村島往大崎下島方向騎乘，海天一色。4. 飛島海道少有便利商店，出發前最好先備齊水及補給品。

　　小猴分別在 2014 年及 2016 年騎乘飛島海道，一次是考察，一次是旅行，每次的感受都不一樣，在這條號稱沒有紅綠燈的自行車道騎乘，感受海天合一的美景外，每進入市鎮裡就感覺像是時光暫停一般，恬靜寧靜。最特別的是在大崎下島的海邊，仍看得到上了年紀的海女，穿梭在岩石中採取海草，或下海捕魚，讓我印象深刻。

　　不過，騎這一段路，建議由於一路上沒有便利商店，也少有商店，只有在下崎下島及上蒲刈島才有店家提供茶水販售，因此出發前最好先備齊水及補給品。另外，飛島海道的 6 座大橋雖然不如島波海道雄偉，也意謂著是上橋是直接面對有點傾斜的斜坡硬上，因此適合腳力還行的自行車友挑戰，否則就是牽車上橋，會花點時間。

　　另外，要前往飛島海道，一種是從廣島坐 JR 線至吳市的安藝灘大橋進入，另一種由今治港搭船約 1 個半小時，前往岡村島的岡村港，再開始騎乘。飛島海道本身沒有自行車租賃服務，若自己沒有車卻想體驗騎車的樂趣，建議可以從今治市或吳市租借自行車。

**路線資料**

距離：約 38 公里
所需時間：約 3 小時
等級：初級
最大坡度：4%
總爬升：426 公尺
最低海拔高度：1 公尺
最高海拔高度：191 公尺

**Day01**

愛媛縣今治市 🚢 →岡村港→岡村島→岡村大橋→中之島→中瀨戶大橋→平羅島→平羅橋→大崎下島→老街御手洗→船宿なごみ亭→豐濱大橋→豐島→豐島大橋→上蒲刈島→蒲刈大橋→下蒲刈島→安藝灘大橋→廣島縣吳市

## 今治坐渡輪到岡村港出發

從今治市坐渡輪出發，大約坐 1 個小時半到岡村港，開始跳島行程。相較島波海道，飛島海道的道路較為平坦，且除非上橋，否則坡度高低相差甚少，適合於初學者騎乘。

飛島海道有許多沿海岸線的道路，防波堤也不高，讓人有種貼近大海的感覺，一路上設有完善的藍色線路，跟著走不怕迷路。很快便來到第一座橋——岡村大橋，上面有廣島縣吳市與愛媛縣今治市的分界線，然後緊接著中瀨戶大橋、平羅橋很快就騎完了。比起島波海道，飛島海道的行程，讓我感覺更像跳島的氛圍。

1.

2.

1. 騎乘進入御手洗町老街的建築群裡像是時光回到昭和時代。
2. 昭和初期的劇院。
3. 以三寶山「大東寺」為起點，開始散步老街。4. 創業已超過 150 年的新光時計店。

3.

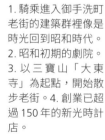

4.

## 凝結江戶時光的寧靜小鎮
## ──御手洗町

大約騎不到 30 分鐘，當映入眼簾的江戶建築群出現時，表示已到了御手洗町。事實上，御手洗町在江戶時代起便是貿易港口，具有悠久的歷史村落，還被日本政府公布為「重要傳統建造物群保存地區」。尤其騎在石板路上，似乎每一磚一瓦都具有說不完的歷史，讓時間在這個安靜的小鎮中靜止了一般。

我們跟著地圖的指示，以三寶山「大東寺」為起點，一路看了創業已超過150 年是目前全日本歷史最悠久的一家鐘錶行──新光時計店、昭和初期便有的現代劇場乙女座、有著 1950 年代風格的理髮院，還有日本電影動畫《給小桃的信（ももへの手紙）》裡小姚姊姊氣喘發作時所居住的越智醫院等等。

沿著御手洗町的石板路一直往內走，到充滿綠意的天滿宮神社，聽說這裡供奉著日本學問之神──菅原道真，相傳他在當初被貶，經過此地打水洗手，是「御手洗」地名的由來之一，因此也有不少人在此求智慧。

Data

**御手洗町**
ADD：〒 734-0302 廣島縣吳市豐町御手洗 187-1
TEL：+81- 823-67-2278( 吳市豐町觀光協會 )
WEB：http://www.yutaka-kanko.jp/

1. 出現在日本動畫《給小桃的信》場景的越智醫院。2. 新光時計店門口上的紅色掛鐘是其招牌。3. 今天午餐的餐廳。4.1950 年代風格理髮院。

## 船宿遇木造船手作達人，なごみ亭吃星鰻蓋飯

繞了一圈回到了御手洗町的環海路線，剛好遇到「船宿」有開門，這是一間超過 200 年歷史，並在沿海常見的三軒長屋建築，剛好主人宮本先生在門口招待，透過聊天才知道，原來他可能是御手洗町最後一位能製作木造船舶的

人了，而門口的作品是他用巧手製作出當年載運煙花女上船服務的「おちょろ船」和「北前船」號模型。

這天的中午，我們就在「船宿」旁的「なごみ亭」用餐，它的招牌餐點──星鰻蓋飯（あなごめし）肉質柔細，比較沒有一般鰻魚微微的腥味。重點是從なごみ亭裡面往外看，可以看見美麗的瀨戶內海景色，真的超夢幻。

→ 海上出現海市蜃樓

1. 天啊～太幸運了遇到海市蜃樓。2. 飛島海道上的住家門口都乾乾淨淨，並插上花朵迎客。

Chapter 1／日本18條自行車路線

## 巧遇百年難得一見的海市蜃樓

吃完後，我們沿著縣道 355 號前進，途經一處不知名的長堤，突然有人大喊：「海上有幻影。」全部的人都停下來跑去長堤觀看，沒想到是海市蜃樓，聽說百年難見，真是太幸運了。

從豐濱大橋進入豐島的小漁村後，接下來豐島大橋、上蒲刈島、蒲刈大橋、下蒲刈島、安藝灘大橋都上上下下的路程，有不少我必須抽起車來才能通過，相較前面的平路，這後面島嶼的地形起伏相當大。在經過下蒲刈島的蘭島閣美術館後，緊接著通過安藝灘大橋，便到了吳市，同時也到了這段旅程的尾聲！

1. 沿著縣道 355 號前進，一路近距離與海貼近。2. 船宿主人宮本先生是御手洗町最後一位製作木造船泊的人。3. 船宿なごみ亭的星鰻蓋飯必吃！

---
番外篇
---

# 探訪世界遺址宮島

即然來了廣島，又玩了瀨戶內海的跳島之行，那麼順便撿一下另一座跳島──宮島。從廣島車站搭乘 JR 山陽本線到宮島口車站，徒步 5 分鐘後即可到達宮島口搭船處，每隔約 15 分鐘會有一班船運行至宮島。宮島又稱為嚴島，很適合安排一個小旅行，除了大家所熟知的嚴島神社參拜，以及觀看轟立在海上的美麗紅色大鳥居外，還可以跟在神社附近逗留的鹿拍照，另外就是到牡蠣屋吃牡蠣。

嚴島神社
ADD：廣島縣廿日市市宮島町 1-1
TEL：+81-829-44-2020
牡蠣屋
ADD：廣島縣廿日市市宮島町 539
WEB：http://www.kaki-ya.jp/reservation.html

# 環沖繩

挑戰自我的 343K 自行車大賽

1. 每年環沖繩自行車賽吸引許多國外自行車愛好者參加。2. 在沖繩有專屬自行車道，且路又平又寬敞，是自行車天堂 。3. 挑戰成功把旗幟帶回家。

奧間
本部
名護
恩納村
沖繩
那霸
知念
那霸空港

行　　程：名護市 21 世紀の森體育館→
本部町→今歸仁村→大宜味
村→國頭村→東村→名護市
→恩納村→うるま市→沖繩
市→那霸村→北谷町→名護
市 21 世紀の森體育館

所需天數：2 天

距　　離：DAY01 約 178 公里＋ DAY02
約 165 公里

等　　級：高級

建議騎乘月份：比賽為每年 11 月，但自
行車騎乘全年均可

日本自行車諮詢資訊：http://www.
tour-de-okinawa.jp/

　　之前的日本自行車介紹多半以旅遊為主，主打自助輕鬆騎乘欣賞美景為主要目的，但接下來介紹兩條沖繩路線，卻是以參加賽事為主，為而旅遊為輔。一條是每年 11 月舉辦國際性的「環沖繩自行車賽（Tour De Okinawa）」，另一條則是由當地政府在每年 1 月舉辦的「美之島沖繩自行車賽（美ら島オキナワ Century Run）」。

　　其中，緣起於 1989 年為業餘愛好者而舉辦的環沖繩自行車賽，在創辦 10 年之後轉為職業賽事，並於 2008 年正式納入 UCI 亞巡賽之一環。這個已經承辦了 1/4 世紀的亞

洲自行車盛事，不但日本報名熱烈，同時也成為許多台灣車友出國比賽的首部曲，每年有上百名台灣車友前往參加！

環沖繩自行車賽因應不同程度的參賽車友，提供多樣的騎乘路線與難度設定，但最受歡迎的還是超過 300 公里，分 2 天進行的挑戰組，需環繞整座環沖島，分為北沖繩及南沖繩。好處就是能看見整個沖繩本島的全貌，但卻具有挑戰性，尤其是第一天超過 170 公里的北沖繩，先不論它上上下下的丘陵地形坡度，光騎乘時間從早上 7 點出發，回到飯店可能也都晚上 6 點左右，可以說說接近 12 小時的挑戰賽。但挑戰完第一天，第二行的南沖繩行程就比較輕鬆了，才 165 公里左右的路程，約 6 個小時就騎完了。但我仍然建議想要參加環沖繩自行車賽事的人，最好之前在台灣有騎超過 300 公里的經驗。而且環沖繩的路線跟台灣的環花東及北海岸線有點像，因此平時多騎台二線、台九、台十一線都很適合。不過光一路上的沖繩美食補給，雖然身體很累，但嘴巴吃不停就十分值得了。

Day01

路線資料
距離：約 178 公里
所需時間：約 12 小時
等級：高級
最大坡度：5%
總爬升：2300 公尺
最低海拔高度：1 公尺
最高海拔高度：255 公尺

名護市 21 世紀の森體育館→本部町→沖繩海洋博公園→今歸仁村→大宜味村海の駅おおきみ→國頭村奧ヤンバルの里→東村→名護市

## 第一天挑戰海岸及丘陵地形

環沖繩就是以 8 字形分兩天騎乘沖繩本島，無論是自行報名或參加旅行社，一般都會安排四天三夜的行程，第一天從桃園坐飛機，才 75 分鐘就到那霸國際機場，對台灣人而言，是最近且氣候又相似的日本國度。

住宿會依大會安排，大部分都是靠近海邊的 Hotel，有私人海灘，因此第一天可以隨意行走。還有沖繩的許多飯店都有專屬自行車的停放倉庫，因此很安全。通常第一天會先到會場報到，然後回飯店將車子組好，所有配備及個人補給處理好，然後好好睡上一覺。隔天一大早 5 點起床，整理一下就要騎自己的車子到位在名護市的起點會場──21 世紀の森體育館準備出發。

參加環沖繩自行車賽挑戰組的第 1 天賽事，是從名護市往北騎，賽程總長

1. 在沖繩騎車，幾乎貼近海洋，騎來舒服。2. 一大早就從名護市區出發，人超多。+4. 在大宜味村的海の駅おおきみ休息，這可是號稱日本長壽村的地方。5. 中餐在國頭村奧ヤンバルの里，咖哩飯及味噌湯隨你吃。

大約 181 公里，等同台北騎到台中，但實際騎乘後，才發現沿著海岸的前半段道路相對平緩，一路上海景陪伴，美不勝收。事實不是如此，要知道沖繩環海，但海風卻是亂亂吹，尤其愈靠近海岸，吹起逆風，騎起來真的很痛苦又吃力，並不比上坡輕鬆。

過了 90 公里後，也就是進入國頭村後，開始進行後半段道路又是大大不同，這一段多是山坡地，一路上上下下，甚至部分坡度較陡，必須用盡力氣抽車才行，大大考驗車友們的耐力與體力。騎完 181 公里回到名護市時，是迎著黃昏夕陽到達，真的是挑戰賽。

不過，環沖繩最讚的一件事，就是吃。沿途大約 30 ～ 40 公里都會有設置補給站，裡面除了香蕉、橘子、火龍果及楊桃等常見水果外，還有當地著名的黑糖、金桔汁、麵包球、蝦餅等等，中餐就更豐富了，第一天是吃咖哩飯配味噌湯，第二天則是沖繩麵配苦瓜冰淇淋，超特別。而且不像台灣會限一人一份，只要吃得下，隨你拿！我光第一天就吃了 2 份咖哩飯配味噌湯，不是我胃大，實在是這段路太花費體力了。

Data

**21 世紀の森體育館**
ADD：沖繩縣名護市大南 2-1-1
TEL：+81-980-53-6890
WEB：http://www.city.nago.okinawa.jp/4/3648.html

**沖繩海洋博公園**
ADD：〒 905-0206 沖繩縣國頭郡本部町石川 424
TEL：+81-980-48-2741
WEB：https://churaumi.okinawa/tc/area/okipark/

**大宜味村海の駅おおきみ**
ADD：〒 905-1307 沖繩縣國頭郡大宜味村根路銘 1373
TEL：+81-980-44-3048
WEB：http://www.dc.ogb.go.jp/road/Michi-no-Eki/oogimi.htm

**國頭村奧ヤンバルの里**
ADD：沖繩縣國頭郡国頭村奥 1280-1
TEL：+81-980-41-8933
WEB：http://okuyanbarunosato.net/restaurant/

1. 進入國頭村開始後面 90 多公里的丘陵地形騎乘。這段大逆風！3. 第一天騎到太陽西下才到終點。4. 這已是我第二次參加環沖繩自行車挑戰賽。

Day02

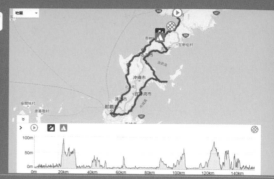

**路線資料**

距離：約 165 公里
所需時間：約 6 小時
等級：中級
最大坡度：3%
總爬升：520 公尺
最低海拔高度：0 公尺
最高海拔高度：95 公尺

名護市 21 世紀の森體育館→金武町伊芸海灘公園→うるま市海之驛 AYAHASHI 館→西原町ムーンテラス東崎→那霸市奧武山公園→宜野灣市 SOLA 專門學校前→嘉手納空軍基地→琉球村→幸喜ビール

## 第二天欣賞沖繩當地街道及渡假風景

相較第 1 天北沖繩的自然景觀為主，第 2 天的南沖繩則比較偏向村落形態，我們是騎過一個村莊接著一個村莊，只有靠近都市時才會比較熱鬧，而且出現高樓大廈。

第 2 天的賽事里程數雖為 165 公里，由於一路上較為平緩，最高坡度也不會超過 100 公尺，最重要的是沒有海風來搗亂，因此騎乘起來相對比較輕鬆。一樣從名護市出發，環繞沖繩本島的中南部，沿路會經過沖繩當地街道、渡假地區的海岸線，是富有景色變化性的賽道。對小猴來講，大概騎 6 個小時內就騎完了。

1. 第二天出發啦！2+3+4+5. 補給超豐富。6. 環沖繩第 2 天的路程平緩，並夾雜市鎮經過。7. 經過とよみ大橋就進入最熱鬧的那霸市區。8. 南沖繩沿公路騎乘，一路景色偏向村落及都會形態，夾雜少許樹林。

7.

8

## 吃沖繩麵及苦瓜冰補給

我們一路主要沿著國道 329 號往南騎，分別經過金武町、うるま市、沖繩市、北中城村及中城村、西原町、與那原町，並在那霸市的奧武山公園吃中餐，極具當地特色的沖繩麵，麵條吃起來介在烏龍麵及拉麵之間，搭配魚板及當地的黑豬肉，好吃又特別。至於餐後的苦瓜冰淇淋，吃起來不苦，反而有回甘的甜味，像我不愛吃苦瓜的人也連吃二杯，就知道有多好吃了！

接下來，就是一路沿著國道 58 線道往北騎，經過浦添、宜野灣市、北谷町，途經嘉手納美軍基地，到讀谷村、恩納村的琉球村，便又回到名護市了，當在路上遠遠看到飯店時，再騎不到 20 分鐘，終點就到了，看一下手錶，才下午 2 點，真是賺到了。

所以我都會鼓勵隊員們說：加油！挺過第一天，第二天就輕鬆啦！而且在進終點之前，還有沖繩當地人表演他們迎賓舞蹈給我們看，真是太熱情了。

不過最令我感動的是，環沖繩的路上，除了看到許多國外隊伍參加外，還有身障人士參與盛會，連失去手腳的人都勇於挑戰自己，那身心健全的我們又怎能輸他們呢？

所以，對小猴來說，環沖繩自行車賽是此生必騎乘一次！！

1.

1. 頭上的軌道可是沖繩那霸市單軌電車。2. 比賽終點會場還有當地人表演舞蹈歡迎。3. 途經美軍基地及琉球村。4. 沖繩麵配苦瓜冰淇淋，好吃！5. 當晚慶功宴是一定要的啦！6. 看到身障人士也來挑戰環沖繩，真令我感動。

## Data

### 金武町伊芸海灘公園

ADD：沖繩縣國頭郡金武町伊藝 1021-8
TEL：+81-98-968-2111
WEB：https://www.visitkintown.jp/zh/spot/igei-kaihin-kouen

### うるま市海之驛 AYAHASHI 館

ADD：〒 904-2427 沖繩縣うるま市与那城屋平 4
TEL：+81-98-978-8830
WEB：http://www.okinawastory.jp/spot/10121100/

### 西原町ムーンテラス東崎

ADD：沖繩縣中頭郡西原町東崎 22-3
WEB：http://agarizaki.jp/k/

### 那霸市奧武山公園

ADD：沖繩縣那霸市奧武山町 52
TEL：+81-98-858-2700( 奧武山公園管理事務所 )
WEB：http://www.nahataikyo.com/

### 嘉手納空軍基地展望台 ( 道の駅かでな )

ADD：沖繩縣中頭郡嘉手納町字屋良 1026-3
TEL：+81-98-957-5678
WEB：http://www.odnsym.com/spot/mitikadena.html

### 琉球村

ADD：〒 904-0416 沖繩縣恩納村山田 1130
TEL：+81-98-965-1234
WEB：okinawatravelinfo.com/zh-hant/sightseeing/ryukyumura/

1.

2.

穿越沖繩三大美橋的絕景賽道

# 沖繩美之島

奧間

本部
名護

恩納村

沖繩

那霸
知念
那霸空港

行　　　程：名護市 21 世紀の森體育館→
　　　　　　本部町→今歸仁村→古宇利
　　　　　　島→名護市→恩納村

所需時間：1 天

距　　　離：100 公里

等　　　級：中級

建議騎乘月份：比賽為每年 1 月，但自
　　　　　　行車騎乘全年均可

日本自行車諮詢資訊：http://www.
cocr.jp/

　　如果想要初次挑戰日本單車賽的話，相較於環沖繩第一天就超過 170 公里，美之島沖繩自行車賽（美ら島オキナワ Century Run）的 50、100、160 公里，對台灣車友來說會比較輕鬆，甚至有些人全家大小一起參加不同里程數。聽說 2018 年還將 100 公里分為山線的名護城大橋及海線的屋我地島兩條讓人選擇。

　　而且以小猴建議，若是平常在台灣並沒有騎超過 100 公里長途路程經驗，又想要第一次體驗海外單車旅遊，那麼用試水溫的心態參加沖繩美之島單車旅行，是一個非常適合的選擇。

1. 一大早 160 公里先 出 發。2. 在 最 美的古宇利大橋拍照。3+4.2015 年我跟夏美一起帶團參加。5. 輪到我們 100 公里組的出發啦！6. 美之島自行車賽連小摺也可以參加。

　　重點是，相較環沖繩自行車賽沿途一直趕趕趕的賽程，不太有時間可以停下來一直拍照，但以美之島的行程來講，基本上騎乘的強度都不會很高，因此可以很輕鬆的邊看、邊玩、邊吃、邊騎，像 100 公里就一定可以看到七色海、古宇利大橋，如果騎 160 公里連海中道路也能盡飽眼福；50 公里雖然看不見美景，沿路有巧克力布朗尼、紫芋蛋糕和在飯店吃 Buffet 吃到飽。而且美之島 50 公里的路線其實是可以當地租車，或是自行攜帶折疊車都很方便。

　　美之島雖然一路上有清楚標示，現場也有人指揮，但對缺乏安全感的車友們而言，還可以選擇跟著日本計時領騎一起騎乘，不用擔心迷路。若有任何問題，只要把車停在路邊，馬上就會有服務人員上來關心，令人感動。另外，在通過大橋時，會發現日本人在橋上的伸縮縫，會貼心鋪上橡膠軟墊，提高自行車賽事的安全係數。

　　另外，就補給站部分，每 20 公里就一站。而且每一站的補給食物幾乎都以沖繩在地名產為主，讓人有期待感，吃到好吃的，還會增加事後購買名產的欲望。

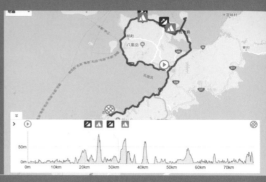

## Day01

**路線資料**

距離：約 100 公里
所需時間：5 小時
等級：中級
最大坡度：2%
總爬升：424 公尺
最低海拔高度：0 公尺
最高海拔高度：76 公尺

名護市 21 世紀の森體育館→本部町もとぶ浜の駅→今歸仁城跡→古宇利島ふれあい廣場→恩納村社區中心

## 眺望貝殼及珊瑚的白色沙灘

老實說，騎過環沖繩後，這 100 公里就顯得輕鬆多了，因為這次行程就是一路狂拍，兼一路狂吃，把之前在環沖繩沒有做到的全補齊。

應美之島的主辦大會之邀，我跟夏美七早八早就摸黑到會場，為 160 公里組出發鳴槍，由於 100 公里組要 8 點才開始出發，因此才有時間好好看看這個 21 世紀的森體育館，原來它還有一處秘境叫 21 世紀海灘，白色沙灘超美的，跟著車友們狂拍好多美麗的照片。同時還有提供早餐，印象最深刻的是他們提供的沖繩黑糖小饅頭，我連吃了好幾個才出發。

時間一到，便從名護市 21 世紀的森體育館出發，沿路國道 449 號往北騎，大約騎了一個小時，便來到位在 34.4 公里的補給站，叫「もとぶ浜の駅」的地方，是沿海新的停車場，可以下到海灘上撿貝殼及珊瑚，同時天氣好時可以看到清楚的沖繩著名七色海，只可惜當天陰陰的，沒有辦法完整看到漂亮的海水顏色，但看到超美的海岸線及海天一色風光，也算是值得了。

1. 別懷疑，大家都是這樣放車子的。2. 還我七色海呀～～ 3+4. 到了第一個補給站！來試試沒吃過的藍果麵包捲！5. 這個沖繩著名的黑糖小饅頭超好吃。

## 沖繩最美的古宇利大橋

之後再往北騎，沿途可以看到串聯瀨底島的瀨底大橋，橋上白色鐵拱，是著名標識。騎過本部大橋後，再 20 多分鐘，就到達第二個補給站——今歸仁城跡，聽說建於 13 世紀，是琉球王國的城堡為世界遺產之一。特徵是如萬里長城般的石城壁，站在這裡居高臨下，讓敵人難以進攻的沖繩名城。不過，讓我眼睛一亮的是它的補給品，多了琉球當地的蜜餞（日文叫：銘菓）外，還有用海塩做的硬糖，很特別吧！

接下來就是重頭戲了，終於到了通往屋我地島的古宇利大橋，騎在寬敞的橋面上就像是騎在海中央一樣，不但海水清澈透明又特別靜，海景又特別美麗，是最讓我回味無窮的一段路，難怪被封為「沖繩最美的一條橋」。

過橋後，在古宇利島ふれあい廣場吃中餐，一樣是沖繩麵、咖哩飯及味噌湯，無限暢飲吃到飽。吃完後還可以到海灘上戲水。緊接著跨過屋我地大橋、羽地奧武橋，回到沖繩本島後，就沿著國道 58 號線路往名護市騎。這裡發生小插曲，就是我帶的水喝完了，只好跟路上的工作人員求救，結果他們很好心地把兩瓶空罐裝滿金桔汁給我，好貼心喔！

一路幾乎沒有什麼坡度，十分平坦好騎，因此大約下午 2 點半左右便騎到這次 100 公里的終點站恩納村社區中心（恩納村コミュニティーセンター），結束這次賽程。騎完，別忘了領證書喔！

Data

### 本部町もとぶ浜の駅
ADD：沖繩縣本部町字崎本部 668
TEL：+81- 980-51-6536
WEB：http://www.tabinchu.net/area4_3/genre1_3/spot_206552/

### 今歸仁城跡
ADD：〒 905-0428 沖繩縣國頭郡今帰仁村今泊 5101
TEL：+81- 980-56-4400
WEB：http://okinawatravelinfo.com/zh-hant/sightseeing/nakijin-castle/

### 古宇利大橋
ADD：〒 905-0406 沖繩縣國頭郡今帰仁村字古宇利
TEL：+81-980-44-3048
WEB：http://okinawatravelinfo.com/zh-hant/sightseeing/kouri-ohashi/

### 古宇利島ふれあい廣場
ADD：〒 905-0428 沖繩縣國頭郡今帰仁村字古宇利 323-1
TEL：+81- 980-56-5785
WEB：http://www.nakijinson.jp/get/fureaihiroba/

### 恩納村社區中心（恩納村コミュニティーセンター）
ADD：〒 904-0411 沖繩縣國頭郡恩納村字恩納 419 番地 3TEL：+81- 98-966-2656
WEB：http://akama-onna.okinawa.jp/shisetsu/shisetsu5

1. 第二個補給站今歸仁城遺蹟，提供當地的蜜餞及海塩糖。2. 古宇利大橋到啦！

───── 番外篇 ─────

# 沖繩一日小旅行

　　就如同我一直強調的，沖繩因離台灣近，旅遊的費用也不高，加上氣候適宜，當地活動種類多，很適合一家大小一起出國旅遊的首選。只要飛行 75 分鐘就可以到沖繩擁抱碧海、藍天、陽光、沙灘，風景美得令人窒息！

　　尤其是家裡有人參加環沖繩或美之島賽事，其他人若沒興趣一起騎乘，也可以跟著當地導遊參加其他活動，看是要划船、血拼或是吃美食，在這座島嶼統統都可以搞定。

　　通常到沖繩旅遊以五天四夜或四天三夜為主，而且以沖繩本島來說，主要旅遊景點分為北、中、南。其中，本島北部以海洋博公園最有名，同時這區也是看無敵海景

的好選擇。中部地區則以琉球村及美國村。而沖繩南部則是最熱鬧的區域，那霸機場與那霸市區都在這邊，國際通商店街，讓你從早買到晚，玉泉洞是鐘乳石洞，不能錯過。這裡小猴分享幾次去沖繩的私房景點，讓每個人都獲得滿足喔！

─ 小猴私房景點 1
## 沖繩美麗海水族館 ─────

　　沖繩美麗海水族館位於日本沖繩本島西北部的海洋博公園園區內，裡面有個高 8.2 公尺、寬 22.5 公尺及厚 60 公分的大型壓克力透明板製作而成的超大水族箱，裡面有二隻全長 8.7 公尺的超大鯨鯊，還有鬼蝠魟與多彩的魚兒，如同萬花筒般的絢爛世界，站在這裡感覺超撼動，尤其是鯨鯊及鬼蝠魟，從頭上過時，感覺觸手可及的感動與雀躍。整條商店街設有拱廊屋頂，即使下雨或下雪，也可以一邊輕鬆購物，一邊悠閒自在的散步。值得一提的是西 5 丁目有創建於 1973 年的本陣狸大名神社，是札幌狸小路商店街的守護神。

ADD：〒 905-0206 沖繩縣國頭郡本部町字石川 424 番地
TEL：+81-980-48-2741
WEB：https://churaumi.okinawa/tc/

## ── 小猴私房景點 2
### ── HELIOS 酒造廠 ──→

只要去沖繩，到餐廳或居酒屋絕對會看到泡盛酒（あわもり），是沖繩當地用泰國米所蒸餾而成，酒精濃度約 20～40% 的烈酒，在琉球王國納入日本版圖之前，泡盛早已成為重要的飲料跟朝貢鄰近強國的禮品，喝起來比清酒還濃的特別風味，值得推薦，也有酒廠可以免費參觀哦！

ADD：沖繩縣名護市字許田 405
TEL：+81-980-50-9686
WEB：http://helios-syuzo.co.jp/

## ── 小猴私房景點 3
### ── Gala 青い海鹽主題公園 ──→

以沖繩之鹽為主題的觀光工廠。除了能參觀製鹽工廠之外，還有鹽味霜淇淋等使用自家製鹽的人氣商品。另外提供各種豐富的體驗活動，從製作食鹽到陶瓷加工、吹玻璃、燒製藝術玻璃球等都有。

ADD：沖繩縣中頭郡讀谷村字高志保 915 番地
TEL：+81-98-958-3940
WEB：http://www.gala-aoiumi.com/

## ── 小猴私房景點 4
### ── 名護 Orion 啤酒工廠 ──→

說到 ORION 啤酒，是沖繩在地的啤酒指標名牌，有「名護之水」的名聲，它不只可以參觀啤酒的製作過程，最後還有啤酒公司招待一杯免費啤酒還有一包小零嘴。現場也有會準備無酒精飲料，給開車的朋友喝，讓大家盡歡！

ADD：沖繩縣中頭郡讀谷村字高志保 915 番地
TEL：+81-98-958-3940
WEB：http://www.gala-aoiumi.com/

### 小猴私房景點 5
## 琉球村

如果想要體驗沖繩早期居民文化，那麼琉球村絕對是好去處，位在恩納村的琉球村全村是以古代琉球為主題設計，裡面不但有琉球往昔的民居，還有工房可親身體驗工藝製作。

ADD：沖繩縣 恩納村 山田 1130
TEL：+81-98-965-1234

### 小猴私房景點 6
## 美國村

距離那霸市約僅 30 分鐘車程的美國村，摩天輪是地標，也是血拼的好所在。二戰後沖繩地區曾被美國統治近 30 年，造就了這兒的美國色彩，所以沖繩旅遊還能順便體驗美式風格，到美國村一窺究竟；女生最愛的甜點也在這區，和菓子紅芋塔、洋菓子水果塔任君選，讓沖繩旅遊甜蜜蜜。

ADD：沖繩縣中頭郡北谷町字美浜 15-69
TEL：+81-98-936-1234
WEB：http://carnivalpark.jp/index.html

### 小猴私房景點 7
## 國際通＋牧志公設市場生魚丼

全長 1.6 公里的國際通藥妝必買之外，位在國際通裡的那霸市第一牧志公設市場，是供當地居民購買日常生活所需食材的傳統市場。

ADD：〒 900-0014 沖繩縣那霸市松尾 2-10-1
TEL：+81-98-867-6560
WEB：https://www.okinawatraveler.net/shop_detail.html?code=111

### 小猴私房景點 8
## 沖繩我那霸豚肉店

來到沖繩，真的很推薦一定要吃一次 AGU 豬肉，AGU 豬是沖繩本地品種，在戰後一度瀕臨絕種，在生產者努力下得以新生，是十分珍貴的肉品。可以選擇燒烤或涮涮鍋吃法，無論哪種吃法，最推薦到我那霸豚肉店品嘗。

ADD：沖繩縣沖繩縣那霸市前島 1-1-1
TEL：+81-98-863-5380

── 小猴私房景點 9

## 里殿內 ─────────────→

ADD：沖繩縣那霸市首里金城町 2 丁目 81
TEL：+81-98-885-6161
WEB：https://omorokikaku.com/sui/

　　如果第一次來到沖繩，下飛機一定要來這家首里殿內吃泡盛特製料理及沖繩麵，在傳統沖繩百年古宅裡吃料理，感受到當地的民情風俗。

── 小猴私房景點 10

## 玉泉洞 ─────────────→

ADD：〒 901-0616 沖繩縣南城市玉城前川 1336
TEL：+81-98-949-7421

　　玉泉洞是來沖繩很值得一探的風景，就是大家會提及的鐘乳石洞，園區又分為三大主題區：玉泉洞、王國村、毒蛇園，還有每天四場的三線琴、太鼓、舞獅的表演，值得一逛。

── 小猴私房景點 11

## 風樹咖啡廳 ───────────→

　　想要從制高點觀賞整個沖繩島的景色及海天一色的美景，那麼來到位在沖繩南邊最高山上的風樹咖啡廳的 2 樓，絕對可以滿足需求。尤其室內有一顆真的大樹超吸睛，咖啡甜點也不錯吃！

ADD：〒 901-0601 沖繩縣南城市玉城垣花 8-1
TEL：+81-98-948-1800
WEB：https://www.okinawatraveler.net/shop_detail.html?code=343

── 小猴私房景點 12

## 玻璃獨木舟ザンマリン→

ADD：沖繩縣國頭郡今帰仁村古宇利島 30 － 1
TEL：+81-98-056-5136
WEB：http://www.umi-pon.jp/shoplist/zanmarine/

　　沖繩還有個特別的玩法，就是坐整個透明的玻璃獨木舟在海上航行，因為沖繩的海很清澈，所以邊划可以看到海底的七彩魚游來游去，很有趣。我們參加的是玻璃獨木舟ザンマリン (ZANMARIN)，也可以請飯店協助訂購喔～

從日本開始

帶著單車去旅行，

1+2. 在日本騎車有專屬的自行車道。3. 在日本騎車，路標指示都做得十分清楚，不怕迷路。4. 前有道路施工也會提前標示清楚，讓人改道

## 安心愉快的自行車國度

為什麼選擇日本自行車之旅？

相信很多人會問小猴這個問題。回答這個問題之前，我常跟外國朋友說：生在台灣好幸福啊！因為台灣不只有自行車王國的美譽，自 2008 年掀起單車熱潮之後，全台灣一共建置了長達 4000 多公里，相當綿密的自行車路網，以台北市河濱自行車道為例，總距離就有 100 多公里，想要一天挑戰完成也是很累人啊～～呵呵！

台灣有這麼多條美麗的單車路線，為何小猴還是常到日本騎單車呢？

因為日本騎車很安全。

雖然台灣的自行車文化盛行已久，但對路權的認知多半還是小車讓大車，相較於日本，卻很友善單車騎士，例如不會輕易鳴按喇叭、不會故意貼近單車騎士、若是不小心撞傷單車騎士罰則也很重等等，因此在日本騎車有一種更安心的感覺。除了駕駛遵守交通規則，單車騎士也不會隨意闖紅燈或違規，大家彼此尊重、互相禮讓的美德值得學習，這是小猴推薦到日本騎單車的主因喔！而且有些地方結合了當地觀光特色，更規畫詳細的自行車專用道，不必跟四個輪子的巴士、汽車爭道，讓車友們騎起來感覺好幸福！

另外，就是日本的道路指示做得相當清楚，即使前面有施工情況，早在 500 公尺前會告知，因此不怕迷路或不小心發生意外。而且日本的國土面積屬於長形，南至沖繩，北至北海道，無論地形、氣候、風土人文，相較於台灣更有明顯的差異，小猴推薦以單車作為旅遊載具，因為走路太慢，開車太快，騎單車的速度剛剛好，就像影片慢格播放，騎單車時所欣賞的風景會深刻烙印在腦海裡，用慢活的速度體驗各地不同的文化，還可以前往許多大型車輛到達不了的祕境喔！

接下來，針對台灣車友第一次前往日本騎車常遇到的問題做整理，希望能成功幫助大家跨出海外騎旅的第一步哦！

# 從台灣帶單車出國,有哪些注意事項?

很簡單,只有打包與運送兩點。

關於運送,每家航空公司有不同的大型行李尺寸與重量限制,建議出國前先上各家航空公司官網查詢清楚喔!

關於單車行李打包,建議自己要學習喔!像小猴第一次到日本騎單車,是參加每年 11 月的環沖繩單車挑戰賽,那時候花 800 元台幣請單車店用紙箱幫忙打包單車,而自己則在一旁學習如何拆裝前後輪、把手、坐管、踏板。後來因為經常出國,才考慮花 8000 元台幣購買軟式攜車袋,使用上非常簡單,只要先把前後輪拆下來,將車架固定在攜車袋內就完成。到日本組裝也方便。

因此,我建議第一次帶單車出國的騎士,可使用一般車店組車後留下來的大型紙箱,優點是紙箱重量輕(大約 3 公斤),相較於軟式攜車袋或硬殼攜車箱,比較不容易有超重的問題。但缺點是搬運不方便,多項零件要拆裝,放在紙箱內也要盡量用軟的東西填滿空隙,例如衣物、泡棉等等,才不容易造成單車損傷。打包好記得在紙箱上要簽上自己大名,及聯絡資料。

另外,單車打包還要注意以下幾項:準備保護車架的包裝材料(泡綿、厚紙板、氣泡紙、束帶)、拆前後輪、拆腳踏板、拆車把龍頭、輪胎洩氣、將坐管降低或拆下來、後變速調到最內側的檔位(最大盤)避免碰撞等等,拆除後的螺絲、工具等小零件一定要收好。

對初學者來說,有些單車店會提供打包,或攜車箱盒的租借服務,出發前記得先向店家提前預約喔!

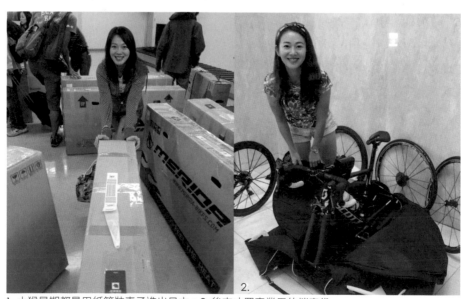

1. 小猴早期都是用紙箱裝車子進出日本。2. 後來才買專業用的攜車袋。

## 拆裝單車的流程

**STEP1** ／將自行車拆卸：前後輪、腳踏板、車把龍頭、坐管降低或拆下。

**STEP2** ／車體及拆卸零件用氣泡袋裝好。

**STEP3** ／裝入紙箱，記得箱子外寫上名字。

**STEP4** ／若是跟團，會有專車運到機場托運出國。

**STEP5** ／到達國外機場出關時，一箱箱的自行車很壯觀。

**STEP6** ／從日本機場直接裝上貨車，再載到飯店卸下。

**STEP7** ／到日本飯店再自行組裝起來。

**STEP8** ／組裝完的車子，放在飯店指定的停車位置上。

# 不帶車，如何在日本租借自行車？

如果自己不想帶愛車出國，也可以透過當地的自行車公司租借。由於日本很大，各地觀光特色也不盡相同，自行車租借方式也不一樣，連車型也因地方推行的觀光特色不同，而有不同選擇，例如：在東京及京都、輕井澤主推都市小旅行，因此可借租的自行車多以都會型的單車或淑女車為主，另外像富士山四湖、長野白馬村或小谷村、青森的奧入瀨溪等，以鄉村小鎮的散步旅遊騎乘方式，但本身又有些必須爬坡的路程，因此除了一般自行車外，也提供電動自行車租賃服務。而像環沖繩賽或美之島賽程，日本主辦單位也有提供競賽自行車租賃服務，但要事先跟著報名時一起申請才行。

在日本租車，不像台灣隨到隨有，在出發前，先網站查詢並選擇自己想要的車款，以免到當地租不到車子，而失了旅遊的興致。

事實上，若當地政府或社團組織很積極在推動自行車觀光，都會在官網上有自行車的觀光地圖可供下載，提供自行車租賃服務的聯絡方式，甚至還有當地飯店也有提供一泊2食＋租自行車的包套行程，如北海道及青森地區，建議出國前最好先上日本各地觀光局調查清楚，或是在網站上輸入「自転車＋貸している＋當地地名（如：青森）」來查詢。並且最好自己攜帶證件（最好是護照）證明自己的身分，以及押金或信用卡，而且租借的費用會依租借地點、車種及時間而有所不同。

租借時，最好留意自行車租借店家的營業時間，以免逾時。請小心別忘了將自行車上鎖以防失竊。還有，自行車必須停放在指定自行車處，否則會遭拖吊，並支付罰款，要小心！不過，如果像小猴習慣騎長程，建議還是自己帶車到日本遊玩，省去適應車子的磨合期，騎起來也比較放心！

至於如何自行規畫日本自行車行程，以小猴的經驗，若是想要好好體驗日本的民情風土，最好不要安排太過緊湊，一般人的體能一天安排騎上30～50公里最為輕鬆，也比較可以邊走邊玩。若是有目的性的，例如以自行車環日本的計畫，則建議一天騎約100公里以內較佳。至於路線安排，建議最好沿途有汽車休息站做為補充點為佳，千萬不要趕景點的方式騎乘，以自己體能來規畫適當的行程就好。

在日本騎車要停放在指定自行車處！

# 日本各地關於自行車資訊

| 名　稱 | 網　址 | 說　明 |
|---|---|---|
| HOKKAIDO CYCLE TOURISM 自転車で旅する北海道 | http://www.hokkaido.cci.or.jp/cycletourism-hokkaido/ | 由自行車旅遊北海道推進連絡會製作，鼓勵大家來北海道騎自行車，提供北海道 8 地區全 20 路線介紹，並提供中文自行車導覽手冊下載。 |
| 自行車運動 aptinet 青森縣觀光資訊網站 | http://www.tcn-aomori.com/activities-010.html | 由青森自行車運動協會推行的活動「AOMORI CYCLING」，規畫東北地區 13 個縣市中，8 條自行車遊覽路線，有提供中文自行車導覽手冊下載。 |
| 東京・自転車シェアリング広域実験（東京自行車共享實驗） | http://docomo-cycle.jp/tokyo-project/ | 東京地區在 2016 年 5 月開始在 7 個區域：千代田區、中央區、港區、新宿區、文京區、江東區、渋谷區舉自行車自動租借，很像台灣的 UBike，外國人也可以申請。網站有中文說明。 |
| Touring Kyoto by Bicycle | http://www.kctp.net/pc/tw/ | 由日本私人公司 KCTP 成立的自行車租賃，主要負責京都地區，網站有中文說明，可查詢。 |
| 富士急周辺の観光情報 | https://www.upon.co.jp/fujiq/mycar/ss_acc04.html | 由富士急提供富士山及河口湖附近觀光景點及租車店家情況，以日文為主。 |
| 北阿爾卑斯及日本海自行車旅行指南 | http://japan-guide.jp/cycle/index2_hant.html | 這是由北阿爾卑斯日本海廣域觀光聯合會議所製作，主推日本北陸地區包括長野、富士、新瀉 14 條自行車之行，網站有中文說明，串聯到各地區也有自行車導覽手冊 PDF 下載。 |
| SHIMAP：瀨戶內島波海道觀光信息 | http://www.go-shimanami.jp/ | 收納有關瀨戶內海的二條主要跳島路線：島波海道及飛島海道的旅遊資訊，網站有中文版本，並有自行車租借資訊（但以日文及英文為主），以及中文的導覽手冊下載。 |
| 沖繩觀光情報 WEB サイト おきなわ物語 | http://www.okinawastory.jp/access/list | 主要介紹沖繩的觀光景點，並有中文網頁。但關於租自行車的部分，則放在「沖縄の交通アクセス」下的「沖縄の交通施設一覽」裡供查詢。 |
| 全国のサイクリングコース 人気ランキング（日本全國人氣自行車路線） | https://gurutabi.gnavi.co.jp/i/gs20903/ | 收錄全國 335 條自行車路線，並依人氣排名，但可用地點查詢路線，全以日文呈現。 |

# 到日本騎車的服裝及裝備

除了離島的沖繩，全年氣候如春外，其實日本其他地方的氣候四季分明，每個季節都有其吸引人的地方，以自行車來說，由於日本冬天絕大部分地方都會下雪，不適合騎車外，其他 3 月～5 月的春、6 月～8 月的夏天、9 月～11 月的秋天，都是騎乘的好日子。但到日本騎車，車衣該怎麼穿呢？

我會以氣溫攝氏 20 度為分界線：超過攝氏 20 度以夏秋為主，上半身車衣會以夏季薄長袖或是短袖車衣，如果怕太陽晒，則再加上袖套。下半身則可穿短車褲。但由於日本夏天早晚溫差大，尤其是在鄉間或山邊，建議最好帶一件薄外套，先防風禦寒，等氣溫升高且身體發熱後，再收起放車衣口袋。另外，在日本騎車，無論何時，防曬工作一定要做好！

至於春天及晚秋，氣溫大約在攝氏 20 度以下，像在北海道有時白天才 6 度左右，這時建議穿上長袖冬季車衣，內裡刷毛更能保護手臂，再加上一件風衣，搭配長車褲會比較適宜。有時我也會帶輕量羽絨衣，在停下來時穿著，以免著涼。若太冷時，也可以將自行車頭套捂住口鼻，以免一下子吸入冷空氣產生不舒服。

如果連續騎好幾天，會建議每天換一套車衣，會比較舒服。另外，排汗襪、安全帽、自行車手套、運動眼鏡都是必備。至於車子的配備，則像前後燈必備，因為在日本到了晚上一定要開燈，否則會被罰錢。另外，像挖胎棒、內胎、迷你打氣筒、六角板手工具組、防盜鎖等維修工具最好也隨心攜帶，畢竟日本地很大，有時騎 100 公里也找不到店家幫忙，所以有備無患。水壺數量，視距離而定，若短程如 30 公里而已，一個便足夠，但若超過 100 公里，最好帶二個。至於我很推薦在自行車裝上管袋，拿取東西，如錢包、手機、相機等也比較方便。

在日本騎車，尤其是夏秋之際，防曬工作一定要做好！

真的太冷，我還會帶起口罩捂住口鼻，以免冷空氣嗆到，還有太陽眼鏡或風鏡必備。

# 配合日本氣候調整騎車服裝

| 5℃以下 | 10〜15℃ | 16〜20℃ | 20℃ |
|---|---|---|---|
|  |  |  |  |
| 尤其在北海道的初春或晚秋，氣溫都很低，因此需要厚的刷毛長袖車衣及車褲等防寒衣物為主，並在容易感到寒冷的身體末梢，用手套及鞋套及臉罩做防護。 | 在日本的春秋兩季，清晨及黃昏氣溫會快速降低，因此除了長袖車衣褲外，防風外套及背心最好也穿在身上，再視情況調整。 | 在日本的初夏，或是位在 1000 公尺的高山上騎乘，最好在短袖車衣及車褲，再加上袖套或防風薄外套，會更加舒適。 | 在日本，夏天的溫度有時也會很高，因此以短車衣車褲為服裝配備。最多加一件薄外套，或帶袖套。 |

車頭燈　　　上管袋

後照燈

水壺

六角板手

挖胎棒

迷你打氣筒

補胎片

## 攜帶物品檢查表

- ☐ 1. 安全帽
- ☐ 2. 車衣、車褲
- ☐ 3. 排汗頭套或圍巾
- ☐ 4. 自行車前後燈
- ☐ 5. 風衣
- ☐ 6. 自行車手套
- ☐ 7. 運動眼鏡
- ☐ 8. 水壺
- ☐ 9. 挖胎棒、內胎、迷你打氣筒
- ☐ 10. 六角板手工具組
- ☐ 11. 防盜鎖
- ☐ 12. 自行車上管袋或後座包
- ☐ 13. 輕薄雨衣
- ☐ 14. 個人補給品及零錢

## 豐富的日本補給品，讓旅程增添樂趣

　　到日本騎車，尤其跟團，有一個最大的樂趣，就是能吃到當地具有特色的補給品，令我印象最深刻的莫過於在沖繩吃沖繩麵、中綱湖吃當地的蕎麥麵及布丁，還有五所川原市及青森的哈密瓜及西瓜……等，每天都好期待，領騎會帶什麼好吃的給我們。

# 在日本騎乘，還要注意什麼？

日本十分推行自行車文化及觀光，因此有的市鎮或縣市，在每個景點或餐廳門口都有附設車架，好讓車友們可以停車。甚至一些飯店也會註明是否有提供專屬自行車的停車場，讓車友們無後顧之憂，完全不用害怕自己昂貴的愛車不小心受傷或遺失。

而且日本有些地方甚至還讓自行車可以上渡輪、火車、巴士，不怕騎不完被丟包。建議還是在出發前不妨可以透過在地的觀光局或觀光課查清楚。

以下，是日本騎自行車時，很重要的交通規則，請務必遵守。

1. 自行車不可以騎在人行道上，要在車行道騎乘。
2. 切記日本是沿著車行道左側通行，方向與台灣相反。
3. 嚴禁飲酒騎車或併排騎乘。
4. 夜間騎乘自行車要裝前後燈。
5. 遵守交叉路口的信號燈。
6. 人行道為行人優先。
7. 自行車禁止乘坐兩人。
8. 交叉路口要遵守信號燈，分兩次右轉。
9. 單車離開視線時記得要上鎖。
10. 禁止邊騎邊聊天。

## 3 分鐘看懂日本交通符號

### 禁止標誌

禁止通行　禁止車輛通行　禁止停車及禁止臨時停車　禁止停車　停車再開　減速慢行　限依指定方向行駛

禁止車輛橫越　禁止迴轉　禁止超車　最高速限　最低速限　禁止車輛進入　單行道　公車專用道

\* 道路封閉（行人、車輛等皆禁行）

### 警告標誌

小心路滑　注意落石　路面凹凸　注意施工　險升坡　險降坡　學校　注意號誌　匝道會車

車道縮減　路寬縮減　雙向行駛　平交道　注意橫風　注意動物　危險

騎自行車前要記得做暖身操。

## 騎車前要暖身，騎後要拍打按摩

騎自行車，切記緩和的運動很重要，可以幫助靜脈的血液回流心臟，也可以舒緩生理上或是心理上的疲勞或是痠痛。對女生而言更是重要，運動後的伸展，還可以讓身形更加窈窕，線條更加美麗。伸展每次的時間大約 15～30 秒即可，同一部位可以做 1～3 次。呼吸要正常，不可以憋氣。伸展時只要有感覺到痠即可，不要到痛，每個人的能力不同，請大家量力而為即可。也不要用彈震式伸展（快速來去來去的方式伸展，很容易受傷）。

另外，長途騎自行車，最怕長蘿蔔腿，所以保養很重要。通常在休息時會用按摩霜先行拍打及按摩雙腿，一方面讓血液循環，另一方面也可以消防疲勞。然後在睡前穿伸縮褲，可以消除水腫。透過拍打及推柔，將腿部肌肉放鬆，也可以幫忙下半身的血液（靜脈血液）回流心臟，雖然只有短短十幾分鐘，但是十分有效。作法很簡單，就是用手掌，從小腿輕輕推柔至大腿，如此重覆約 15 分鐘左右，再換腳。

當然，運動後全身黏黏的，沖個澡最舒服了，但是請休息一下，大約 10～15 分鐘後再洗最適當。而且騎完自行車後，不宜洗太熱或太冷的水，之後再用按摩油，輕輕由下往上的方向按摩肌肉，雙腿再貼牆倒吊 20 分鐘，隔天睡起來就不容易「鐵腿」啦！

# 日本年度自行車賽事

| 舉辦日期 | 名稱 | 報名及相關網址 |
|---|---|---|
| 2018.1.13 ～ 1.14 | 美之島單車挑戰<br>（美ら島沖縄センチュリーラン） | http://www.cocr.jp |
| 2018.3.11 | 琵琶湖一周單車挑戰<br>（びわ湖一周ロングライド） | http://jtbsports.jp/contents/biwaichiride/ |
| 2018.3.25 | 濱名湖單車之旅<br>（浜名湖サイクル・ツーリング） | http://hamanakotourism.com/ |
| 2018.4.14 ～ 4.15 | 瀨戶內單車騎行<br>（グラン・ツール・せとうち） | http://www.htv.jp/grandtour/index.html |
| 2018.4.21 ～ 4.22<br>2018.5.19 ～ 5.20 | 阿爾卑斯安曇野長距離挑戰<br>（アルプスあづみのセンチュリーライド） | http://aacr.jp |
| 2018.4.22 | 宮崎日南海岸陽光騎行<br>（宮崎日南海岸サンシャインライド） | http://great-earth.jp/miyazaki/miyazaki_gaiyou.php |
| 2018.5.12 ～ 5.13<br>2018.5.20 | 輕井澤單車挑戰賽（グランフォンド軽井沢） | http://granfondo-karuizawa.com/ |
| 2018.5.20 | 佐渡島 210<br>（スポニチ佐渡ロングライド 210） | http://www.sado-longride.com/ |
| 2018.5.20 | 藏王登山挑戰賽<br>（日本の蔵王ヒルクライムエコ） | https://www.zao-hillclimbeco.com/ |
| 2018.5.20 | 榛名山登山挑戰賽（榛名山ヒルクライム in 高崎） | http://www.haruna-hc.jp/ |
| 2018.6.10 | 富士山 HC 登山賽<br>（富士の国やまなし Mt. 富士ヒルクライム） | http://www.fujihc.jp |
| 2018.7.1 | 美之原登山挑戰賽（ツール・ド・美ヶ原高原自転車レース大会） | http://utsukushigahara-hc.jp/ |
| 2018.8.26 | 乘鞍登山挑戰賽（マウンテンサイクリング in 乗鞍） | http://norikura-hc.com/ |
| 2018.9.15 ～ 9.16 | 環東北挑戰賽（ツール・ド・東北） | https://tourdetohoku.yahoo.co.jp/ |
| 2018.9.22 ～ 9.24 | 環能登 400 挑戰（ツール・ド・のと 400） | http://tour-de-noto.com/ |
| 2017.9.23 ～ 9.24 | 美瑛長程挑戰賽（丘のまちびえいセンチュリーライド） | http://www.enjoy-biei.com/centuryride/ |
| 2017.9.24 | 富士山 KOH 登山賽（キング・オブ・ヒルクライム富士山） | http://www.bikenavi.net/KOH2017/02.html |
| 2017.10.1 | 八之岳單車挑戰（グランフォンド八ヶ岳） | http://gf-yatsugatake.jp/ |
| 2018.10.28 | 島波海道單車節（サイクリングしまなみ） | |
| 2017.11.11 ～ 11.12 | 環沖繩自行車大會（ツール・ド・おきなわ） | http://www.tour-de-okinawa.jp |

（註：以上賽事是依舉辦時間安排順序，若日期仍在 2017 表示尚未開放報名，可至官網了解。）

# GO!日本騎車趣

## 小猴帶你動吃動吃玩轉日本 18 條自行車路線

**作者**／魏華萱

**攝影**／魏華萱

**插畫**／王子麵

**美術編輯**／Rooney、廖又儀、查理、爾和

**執行編輯**／李寶怡

**企畫選書人**／賈俊國


**總編輯**／賈俊國

**副總編輯**／蘇士尹

**編輯**／高懿萩

**行銷企畫**／張莉榮、廖可筠、蕭羽猜


**發行人**／何飛鵬

**出版**／布克文化出版事業部

台北市民生東路二段 141 號 8 樓

**電話**：02-2500-7008

**傳真**：02-2502-7676

Email：sbooker.service@cite.com.tw


**發行**／英屬蓋曼群島商家庭傳媒股份有限公司城邦分公司

台北市中山區民生東路二段 141 號 2 樓

**書虫客服務專線**：02-25007718；25007719

**24 小時傳真專線**：02-25001990；25001991

**劃撥帳號**：19863813；**戶名**：書虫股份有限公司

**讀者服務信箱**：service@readingclub.com.tw


**香港發行所**／城邦（香港）出版集團有限公司

香港灣仔駱克道 193 號東超商業中心 1 樓

**電話**：+86-2508-6231　　**傳真**：+86-2578-9337

Email：hkcite@biznetvigator.com

**馬新發行所**／城邦（馬新）出版集團 Cité (M) Sdn.

Bhd.41, Jalan Radin Anum, Bandar Baru Sri Petaing, 57000 Kuala Lumpur, Malaysia

**電話**：+603- 9057 -8822

**傳真**：+603- 9057 -6622

Email：cite@cite.com.my

**印刷**／韋懋實業有限公司／卡樂彩色製版印刷有限公司／鴻霖印刷傳媒股份有限公司

**初版**／2018 年（民 107）3 月

**售價**／新台幣 380 元

ISBN／978-957-9699-09-9

城邦讀書花園　布克文化
www.cite.com.tw　www.SBOOKER.COM.TW